U0033410

Learn how to be rich

有錢人只要不靠薪水印鈔機

張凱文◎著

有錢人不靠薪水,只要印鈔機 / 張凱文著. --
初版. -- 臺北市:羿勝國際, 2017.10
　　面;　　公分
ISBN 978-986-95518-0-9(平裝)

1.理財 2.投資
563　　　　　　　　　　　　　106017296

有錢人不靠薪水,只要印鈔機

作　　者　張凱文

出　　版　羿勝國際出版社

初　　版　2017年10月

電　　話　（02）2297-1609

地　　址　新北市泰山區明志路2段254巷16弄33號4樓

定　　價　請參考封底

印　　製　東豪印刷事業有限公司

總 經 銷　羿勝國際出版社

聯絡電話　(02)2236-1802

公司地址　220新北市板橋區板新路90號1樓

e - m a i l　yhc@kiss99.com

【版權所有　翻印必究】

M型富人買的和你不一樣

小志大學畢業後就在一家上市公司工作，他在這公司兢兢業業地工作了幾年之後，也娶了美嬌娘並生了兩個孩子。

只是他們家的經濟狀況一直不理想，雖然他老婆也有去上班，兩人加起來的薪水約10萬元，但是身處在大台北，這樣的收入在中產家庭來說，還是略顯不足。

有一天他來找我聊天，想請我為他分析：為何他越努力工作，卻覺得收入還是應付支出？經過了解他的財務狀況後，我發現了一件關鍵的事情，他所買的資產和有錢人買的資產不一樣。

小志一結婚時就買了一輛80萬新車，這輛車子經過五年，目前的價值我估只有約50萬，但是他若把買車的資金用來購買房子或金融商品，以這幾年的報酬率估算，80萬的房子可增值到130萬，80萬股票的報酬率若以10%來計算，也至少可增值到128萬，下表即是我給小志的分析表。

每年支出	買車子	付房貸	買股票
第一年	18萬	18萬	18萬
第二年	18萬	18萬	18萬
第三年	18萬	18萬	18萬
第四年	18萬	18萬	18萬
第五年	18萬	18萬	18萬
5年後淨值	50萬	130萬	128萬

　　當然，很多人會想因為沒有錢買房子，或買股票有風險，就打消投資的念頭，想著不如乾脆買車子可以到處玩，但是我認為這就像一隻鴕鳥只要遇到危險，就會把牠的頭塞到土裡面，若你想致富，不能遇到困難就放棄，而是應該努力想方法來達成。

　　本書列舉了一些富人不依靠薪水，也能夠獲取收入的一些方法，就是希望提供給讀者多一點思維，進而把這樣的思維化為行動，我們也不是一生下來就會跑步，每個人都是從學會爬行、學會走路，最後在學會跑步，任何的改變都是從小細節做起，我相信只要你肯改變，最終一定能夠踏上財富自由的道路。

目錄 Contents

目錄 Contents

Chapter 1
態度決定致富的速度

年輕時不計較薪水，凡是有事就多做
少說，年老時自然會達到事半功倍的
境界。

畢業後要累積的社會學分

無論過去在學校的成績如何，進入職場
後，大家的起跑線都是一樣的。

....

「將來要做什麼？」相信從小到大，師長一定都會問
你這句話，而大多數的人，根本對自己的將來茫茫然，只
知道要認真讀書，考上大學，總算達到求學一個段落。

不過，一旦要面對社會上工作挑戰時，許多人卻往往
怯步，心裡想：「現在大學畢業生很多，不如再讀個碩士
好了。」

結果造就的結果是：現在的碩士生也多的很。

假如讀完碩士後，認為還不能夠與人競爭的話，將來
也許博士生也會像現在一樣，滿街都是博士的身影，我認
為，除非是非常好學，或是還想學的更精通，才要繼續進

修。不然，年輕人應越早進入社會工作，盡可能累積工作經驗。現代人因為醫學和養生學的蓬勃發展，平均都能活到80歲左右，而假若扣掉30歲以前的求學時間和70歲以後的老年生活，一般人平均都要工作40年左右。

這麼長的工作時期，若是沒有堅強的意志力和熱誠，是很難能夠長時期都能使自己維持競爭力，並且讓資產穩定增長的。這也造成目前很多年輕人，寧願延畢或繼續攻讀碩士，也不願提早面對社會的競爭壓力。

這樣的心態只是在逃避，像駝鳥一樣不願意面對現實，不過人和駝鳥不同的是，駝鳥可以一直把頭悶在土裡。但人不管逃避多久多遠，早晚都要進入社會與人競爭，是絕對避免不了。既然早晚都要工作，不如早點進入社會工作，

一方面年輕人年齡較輕，有本錢在可以一開始就承受失敗。另一方面，提早工作會有所得收入，而且工作經驗可快速使人成長，而繼續唸書的話，只是讓支出繼續增加，可是你本身真正的學問卻沒有成正比增長。

歐美經驗

一般歐美的學生大學畢業後，就會出校門開始工作，而工作了兩三年後，若覺得在職場上有些不足的知識，便會回學校讀夜間部的碩士班，

而且因為有了工作經驗，回到學校讀書時，書本上的知識反而活了起來，不但可以在工作中得到印證，在求學裡也不會認為讀書是件枯燥的事。

回頭再看看台灣的學生，從小到大就是讀書、考試、再讀書、再考試的流程，獲取了高學歷出校門後，反而無法適應社會種種的壓力，因為在學校裡，老師只看你的成績，而且老師不必付薪水請你讀書，因此總是讚美多於責備。

但是在職場上就不是如此，一但無法達到上司的要求，上司會毫不留情的開罵，而你若覺得在職場有所不足的地方，也只能上上坊間一般開設的在職進修，無法像以前在學校受到正規的教育訓練，如此一來，整個社會陷入了一股惡性循環。

社會學

在學校裡，你不會學到如何接受上司的責備，不會面對每個月的業績壓力，不會遇到同事間的彼此競爭，更不會看到客戶的冷言以對，而這些經驗，卻是在工作中才能學會的「社會學」，因此你現在若還是悶在學校修碩士或攻讀博士，那真的還不如出校門，來攻讀「社會學碩士」或「社會學博士」。

要適應社會，是要靠實際去行動的，而不只是限於苦讀書本上的知識，例如在投資理財上，即使你是會計師，或是在學校裡就考到了好幾張金融證照，在投資的起跑點上，你並沒有比別人多跑幾步，那些書本知識了不起，只是讓你看清楚「操場上的跑道」而已。

重新起跑

進入社會後，不只將會面對許多與學校不同的人事物，對於自己人生中的職場規劃、財務規劃、進修計畫，都需要時時再重新去修正和改進，對剛畢業的學生來說，進入社會可說獲得了另一個重生。

無論過去在學校的成績如何，進入職場後，大家的起跑線都是一樣的，只要你能進公司，老闆看的是你現在的工作表現，而不是過去在學校成績的優異，因此若你是過去在學校裡成績不理想的學生，進入職場將是你另一個重新開始的好機會。

壞學生也能成功

　　我過去在學校的成績很不理想，在學校的名次總是在後半段，若用學業成績來分的話，我過去是被歸類為「壞學生」，不過即使如此我也不以為意，因為我知道我一定有些能力是學校用成績所顯現不出來的。

　　例如我在學校的人際關係很好，甚至跟別班同學也處的還不錯，並且每次若同學受了委屈，我一定是第一個跳出來跟老師反應的人，當時我不知我這樣的個性會造就我進入職場的一個重要的踏腳石。

　　因為進入職場後，我發覺無論做什麼事，都需要與人溝通協調，在公司內部要與各部門協調，公司外部要與許多客戶做溝通，因此我喜歡與人溝通的優勢，便在這時成

為我的競爭力。因此若你現在的課業成績不理想，也千萬
不要氣餒，試著去做你自己，去做對的事情，出了社會
後，你一定會比別人有競爭力的。

M型富人小秘訣

找「根據銷售」來決定你薪水的工作，不只
對於提昇視野有幫助，還能替自己夠賺到夠
多的薪水。

態度決定收入

公司面試你的主管，看的不只是你過去的
學歷和校內活動，而是看你這個「人」對
公司是資產還是負債。

工作對一個人的重要性非常高，我對於工作的觀念
是，必須要從工作中，學習到「經營者」的技能，也就
是說，工作對我來說，是一個教導我成為一個領導者的
課程，因此面對工作上的挑戰和困難時，我總能用「老
闆」的心態去面對。

態度很重要

我認為剛從學校畢業的社會新鮮人，在找工作時應
該要：保持「不為錢工作的心態」，還要有「如何幫公
司」的態度，公司面試你的主管，看的不只是你過去的學
歷和校內活動，而是看你這個「人」對公司是資產還是

Chapter **1** | 態度決定致富的速度

負債。你若無法為公司賺錢，反而是要求薪水多、休假多、獎金多的三多族的話，你對公司就是最大的負債。

公司主管絕不會要這種只為自己想，而不為公司努力的員工。站在公司立場而言，會想要應徵新人主要因為幾點原因：

    1. 人手不足
    2. 擴展公司
    3. 取代現有員工

雖然在應徵工作時，很難觀察出來，公司是因為哪個原因才想要應徵員工，不過你可以選擇直接問面試官，若面試官決定錄用你，一般來說，都會告訴你實話。

根據銷售決定薪水

我建議新鮮人第一份工作，可以找「根據銷售」來決定你薪水的工作，因為你將會學習一項產品如何從設計、研發、包裝、行銷至消費者的流程，這不只對於提昇你的視野有幫助，還能夠讓你有夠多的薪水過活。

15

很多新鮮人會選擇直銷這個行業，我認為是個不錯的開始，因為直銷可以訓練一個人最基礎的銷售技巧，可以讓你學會如何去與人溝通，到中間的產品說明、簽訂合約，到最後的成交與後續服務，因此若一開始在直銷業，我認為對一個新鮮人幫助最大。

每個行業裡的企業有好有壞，當然直銷業也會有一些不良的公司，因此新鮮人在找工作時，若是應徵到了直銷公司，建議你可以帶你的親友陪你去看看，基本上，好的直銷公司的條件不外幾點：

1. 有品牌
2. 跨國企業
3. 教育訓練完善

所以若你根據了這幾點來判斷後，覺得這家直銷公司怪怪的，那麼即使裡面的員工，跟你講的天花亂墜，你也必須要有自己的判斷能力，不要一開始就進入了不好的直銷公司，造成你往後工作上的陰影。

其實各行各業都需要業務的人才，因為業務人才可以

直接帶給公司獲利，因此若你非常喜歡與人溝通，並且又很想賺多一點錢的話，建議你一開始應徵工作時，就直接應徵那個行業的業務人員。

提早投資的黃金時刻

投資理財需要的是靠長期投資，因此投資人的投資期間越長，對於投資報酬率越有利，也就是說，若能越早進入投資領域，越有可能靠投資理財致富，而準備投資的黃金時刻，就是在30歲以前的求學時期。

因為在30歲以後，基本上工作和薪水已經趨於穩定，因此對於投資理財也漸漸開始保守起來，所做的決定不敢像過去的當機立斷，因此，若能在30歲以前，就先操練好投資的基本功，將來只需要維持操作的實力，就能夠平穩的靠投資致富。

若利用在大學畢業至30歲的時間開始工作儲蓄，不只可以累積工作經驗，並且可以提早培養投資理財的經驗，即使工作不順遂，但是透過投資理財，相信一定感受到，人最重要的是要懂得投資，當然若能找到自己喜歡的

工作，並可以早點開始理財，對目前的新世代年輕人可以說是大挑戰，但是若能克服這挑戰，我相信離成功肯定不遠矣。

 M型富人小秘訣

年輕時不計較薪水，凡是有事就多做少說，
年老時自然會達到事半功倍的境界。

讓好工作找上你

讓自己準備好，自然會有工作來找你。

....

通常研發和行銷企劃的工作，會需要去生產一個產品，例如研發人員，會需要去開發一項新商品，讓公司的商品網不斷擴展，所以若你應徵的是研發人員，建議你可以在去應徵前，就帶自己產生過的相關作品面試。

產品是最好的履歷

若你應徵程式設計師，你可以帶你認為最好的程式面試，若你應徵的是廣告設計，你可以帶你製作過的一個廣告產品，若你應徵的是出版編輯，你也可以帶你編輯過的一本書出門。

行銷企劃人員也可以準備自己的作品面試，可以在應徵前，就先研究好那家公司的產品和相關廠商，面試時就

直接遞交企劃書，有一位名人剛從哈佛畢業時，在一個月內面試了25家公司。

他應徵的就是行銷企劃的工作，他每一家公司都遞交不同的行銷企劃案，總共準備了25份的企劃書，面試的結果，有24家公司願意錄取他，他在從中從容地挑選他最想去的那家企業，他把面試過程，從別人面試他轉成他在挑選公司了。

所以我認為社會新鮮人最重要的一點，還是要肯做事，要證明給面試主管你能夠做事最快的方法，就是你直接做一項產品出來，「產品就是最好的履歷」，你能秀出你能夠做出什麼樣的產品，對公司主管來說，可說是直接省略掉試用期的階段，能夠對你有最快的了解，並且馬上可以決定要不要錄用你。

找工作還是工作找你

很多人很久找不到工作時，都會產生一個悲觀想法，就是：「公司為何不錄取我，是不是我很沒用？」讓自己越來越悲觀後，造成自己在面試下一份工作時，也會

顯露出沒有自信的一面，而讓錄取機會降低，成為了一個惡性循環。

　　所以我認為無論你現在是不是在找工作，你都要隨時「在工作」，即使你現在沒有工作，你依然可以照前述的方法，先在家準備好企劃或是開發新產品，你能夠透過這樣的工作流程，讓自己提早感受職場的競爭。

　　讓自己準備好，自然會有工作來找你，例如那位哈佛畢業生，他積極地準備每一份面試，當他為每一家公司準備企畫案時，其實他已經是「在工作」的狀態了，而當面試官遇見這樣的人時，當然會認為眼前的這位應徵者，是非常難得一見的人才。

　　年輕人在應徵工作時，會面臨到一項劣勢，就是社會經驗不足，因此在很多待人接物上，不知如何去面對，但是這也並不代表社會新鮮人在應徵工作時，是會完全居於下風。

　　我認為主動、積極、熱忱等特質，都是新鮮人在應徵工作時所擁有的優勢，因此新鮮人在找工作時，應該把自

己「年輕有活力」的基本特質顯露出來，並且不斷地充實自己，積極地面對每一天，就是找到好工作的秘訣。

▶ 社會新鮮人找工作的秘訣

1. 態度 很重要	你若無法為公司賺錢，反而是要求薪水多、休假多、獎金多的三多族的話，你對公司就是最大的負債，公司主管絕不會要這種只為自己想而不為公司努力的員工。
2. 根據銷售 來決定你 的薪水	第一份工作，可以找「根據銷售」來決定薪水的工作，因為你會學習一項產品如何從設計、研發、包裝、行銷至消費者的流程，這不只對於提昇你的視野有幫助，還能夠讓你有夠多的薪水過活。
3. 產品 就是最好 的履歷	通常研發和行銷企劃的工作，會需要去生產一個產品，例如研發人員，會需要去開發一項新商品，讓公司的商品網不斷擴展，所以若你應徵的是研發人員，建議你可以在去應徵前，就帶自己產生過的相關作品面試。

建立自己的價值觀

人生當中許多選擇，金錢不是唯一考量，
重要的是如何過出有意義的生命內容。

⋯⋯⋯⋯⋯⋯⋯⋯⋯⋯⋯⋯⋯⋯⋯⋯⋯⋯⋯⋯⋯⋯⋯

Vivian從畢業後就在出版社當美編，因為出版行業的
關係，Vivian經常要加班工作，有時會回到家都已經快11
點了，本來單身的時候，Vivian還不以為意，不過後來
Vivian跟她認識多年的男友結婚後，就開始有些問題了。

金錢不是唯一考量

因為工作時間過長，Vivian平常陪伴家人的時間幾乎
沒有，一到周末夫妻倆又想好好休息，因此也很少有休閒
活動。

長久下來，其實兩個小夫妻的感情是越來越冷淡
了，好在後來Vivian懷孕有小孩了，夫妻之間的關係也因
為小孩當潤滑劑有所改善。

不過小孩出生後，Vivian若把小孩托育給保母，一方面托育費用很高，二方面也想陪伴小孩的時間也只剩下周末，因此Vivian把從事九年的工作毅然辭去，選擇在家接案子帶小孩。

雖然每月個人收入只有以前上班的一半，但是可自由運用的時間，卻多出了近三倍，Vivian從中體會到，人生當中的許多選擇，金錢不是唯一的考量，重要的是如何過出有意義的生命內容。

命運好好玩

【命運好好玩（Click）】是2006年由哥倫比亞影業所製作的電影，男主角為亞當山德勒（Adam Sandler），女主角則由凱特貝琴薩（Kate Beckinsale）擔綱演出。

內容是描述一個建築師麥可紐曼（亞當山德勒飾），因為工作忙碌，無法兼顧到家庭，結果遇到一個怪怪的銷售員，號稱能賣一個超級遙控器，只要按一按鈕，什麼都能操控。不只生活大小事能夠遙控，甚至還能夠讓麥可在他的人生中進行時光旅行。

後來麥可活用遙控器讓他的事業有成，但是卻因此失去了家人，妻子因此改嫁，連一對兒女都叫別人爸爸，自己還得了心臟疾病而猝死，最後麥可領悟到在工作與家庭的選擇上，永遠要以家庭為優先。

所幸電影的結局是麥可回到使用遙控器前的生活狀態，因此他馬上決定要帶家人去度周末，而不是選擇繼續加班工作，因為他知道即使賺了很多錢，陪伴家人的時光是用錢買不到的。

事倍功半的工作

許多人往往把工作放在第一位，可以為了工作拼命加班，手機也24小時隨時開機，公司若有需要，隨時隨地都要回公司支援，像這樣的工作內容，或許短期間之內可以過，但是經年累月下來，我相信個人的人際關係、家庭生活甚至健康狀況都會受到影響。

工作與家庭的平衡，真的是許多現代人不可能的任務，畢竟不上班就沒收入，在都會區不多賺點錢，有時連生活費都會不夠用，我的許多朋友就經常抱怨：「賺的錢

都不夠花，還每天經常加班。」「主管隨Call隨到，有時候即使生病了，還是要回公司解決疑難雜症。」

對此我給的建議都是盡量多做準備，例如把賺來的錢再拿去投資穩健的固定收益型商品，等到固定收益可以達到目前薪水的一半時，那麼就可以考慮轉為薪水較低，但是比較不勞累的工作。

最後，就是自己一定要找到「事半功倍」的工作，這樣的工作，大多都是業務員或創業當老闆，雖然一開始工作內容非常辛苦，但是經由時間和客戶累積，自己的體力和心力的付出將會逐步降低，而收入則是呈倍數增長。

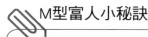 M型富人小秘訣

年輕時不計較薪水，凡是有事就多做少說，
年老時自然會達到事半功倍的境界。

培養好EQ

> 人往往在生氣時，內心所爆發出的動能是
> 很驚人的，因此與其把這股能量拿來罵
> 人，還不如拿來執行工作

上班族遭受的壓力特別大，有長官交付的任務，有家人要照顧，於如何經營同事之間的人際關係，更是一門大學問。

若是情緒控管不好的話，通常會很容易生氣，但是面對社會上的人事物，不像我們在家時可以隨意地發脾氣，在上班時生氣，可是會造成嚴重的後果。

社會的現實面

我明白很多人在上班時，都會面臨到老闆「非人性」的要求，這時你又無法跟老闆抗議，因為只要稍微跟老闆抱怨一下，他會馬上回你一句：「合理的要求是訓

練，不合理的要求是磨練。」當每次我聽到這句話時，都會覺得令人生氣。

因為老闆每次都用這句當藉口來壓榨員工的時間和精力，但是有時候為了糊一口飯吃，真的必須要忍氣吞聲下來，因為這個就是社會的現實面。

在社會上，每個人不只講求外在的表現，對於內在的提升更是講究，因此往往在你沉不住氣而大發雷霆時，相對於比你冷靜沉著的同事，你給老闆的印象就馬上被比下去了。

我的慘痛教訓

生氣的表現不只是罵人而已，往往一個丟東西或甩門的動作，都會讓你在別人的印象中大大的減分。

我自己就曾經遇到一個例子，有一次老闆要我馬上去辦一件事，但是我那時手頭上正在忙，可是我又不得違抗老闆的意思，於是我就翻了一個白眼。結果這個白眼讓老闆大為光火，馬上把我叫到會議室，好好地唸了我一

頓，老闆跟我說：「我生氣的不是你翻我白眼，而是你的
情緒表達太明顯了，今天我是老闆，只會唸你一下，但是
若你遇到的是大客戶，你覺得你會有什麼樣的後果？」

　　經過老闆的「訓示」，我才明白到情緒控管的重要
性，自此以後我也經常注意到，人與人之間的相處，都盡
量維持住彼此氣氛的愉快，說也奇怪，從此之後我的業績
也越來越好，可見把情緒控管好，對每個人是只有好處沒
有壞處的。

情緒控管

　　上司或老闆在考核一個員工時，所採用的標準除了工
作上的表現外，對於員工本身遇到工作壓力時的情緒控
管，也是一個重要的考量。

　　因為工作上的表現若不好，可以慢慢靠著時間和經驗
來改善，但是一個人的情緒控管卻是很難改變，因為老闆
若覺得他的員工情緒很不穩時，會覺得這個員工會影響到
其他員工，久而久之不只會對這個員工失去信賴，嚴重時
還會辭退這樣的員工。

生氣所帶來的後果，往往是把場面變得更為惡化，通常都無法解決掉問題，因此，如何處理「即將生氣」的問題，也成為上班族的一大課題。

3密技，讓你不生氣

　　自己若是真的遇到很誇張的事情，我心中也真的是氣爆了，不過畢竟現在已不像年輕時的火爆浪子，現在遇到這樣的事情時，我會採取自己獨創的「不生氣3密技」：

密技1：馬上忘

　　「馬上忘」就是趕快忘記現在遭遇的事情，並且繼續做應該做的事情，雖然情緒還在，但是只要一忙的話，通常過個幾分鐘，就會好很多，有時忙完了，我還會忘記之前為何要生氣。

　　所以我覺得在工作時讓自己適度地忙碌，也可以減少負面情緒的產生，因為很多時候我們會覺得想生氣，是因為我們太閒了。時間一多自然很容易想東想西，所以讓自己可以忘掉不愉快的事情，趕緊做手頭上重掉的事項，才是解決生氣的最佳方式。

密技2：馬上走

遇到要「馬上走」的地步時，通常都是我的情緒已經快壓抑不住，即將火山爆發了，這時我會採取立即「逃離現場」，免得真的生氣起來，波及到無辜的人士。我通常會走去洗手間，洗把臉後面對鏡子，告訴自己：「那沒什麼大不了，你一定可以克服的」，通常讓自己冷靜幾分鐘後，情緒就會漸漸平復下來。

這時若回到辦公室時，不僅自己可以重新面對工作，並且也可以活用「密技1：馬上忘」的精神，繼續好好地工作。雖然這一個方法有好有壞，因為有可能在逃離現場時，留在原地的人會覺得你在生氣，或是覺得為何你要莫名其妙地走開。

但是卻這可避免讓自己的情緒當場爆發出來，因為一旦你讓別人看到你火山爆發的樣子時，那將會造成不可收拾的後果。

密技3：馬上寫

因為我常寫文章，所以我會在寫文章時，抒發自己的負面情緒，若我真的氣到很想罵人，我會直接寫在文章

裡，通常我想生氣時，寫的文章又快又多，連自己都難以置信。

我想這本書可以完成，有可能很大的原因，是我在工作上遭受到太多壓力了，因此經常寫些文章來激勵自己，所以在此也要謝謝我的老闆和同事們，謝謝你們過去帶給我這麼多情緒上的挑戰，讓我可以寫成這本書。

現在部落格很流行，若你在工作上若遇到任何難題，也可以隨時上我的部落格與我彼此討論，相信我們可以一起度過許多負面情緒，並且繼續在工作上成長的。

讓情緒找到適當的出口

不生氣3密技的宗旨，主要就是要讓你把負面情緒轉化為正面的力量，不只避免掉生氣的情形，還能幫助你在工作上更有效率。

因為我發覺人往往在生氣時，內心所爆發出的動能是很驚人的，因此與其把這股能量拿來罵人，還不如拿來執行工作，而且事後往往會發覺生氣時所做的時間，居然

比平常認真工作的時間還短，可見懂得善用生氣時的能量，是很重要的一件事。

現在年紀漸長，很少有事情會真的會讓我生氣了，而且有些負面情緒還可以幫助我多創作文章，因此，若是你改不掉經常生氣罵人的習慣，不妨練習看看這3個密技，多練個幾次，保證讓你的人生越來越樂活喔！

M型富人小秘訣──處理情緒3秘技

1. 馬上忘　2. 馬上走　3. 馬上寫

Memo
M型富人理財小筆記

Chapter 2
堅持,找到自己的價值

你必須要懂得目前自己的競爭力如何,最好的方式就是跟你同職等的同事來比較。

把人脈當錢脈

如果你今天在社會得罪了一個人，你有可
能間接得罪了上百人。

∙∙

在目前的社會上，不管要做什麼事，有好人脈的
人，通常都很容易成功，因為很多事情只靠一個人去做是
很辛苦的，若能靠著人脈，找到對的人幫助，通常都能事
半功倍。

多結交朋友

商場如戰場，如果你今天在社會得罪了一個人，你有
可能間接得罪了上百人，因為這個人也有他的人脈，即使
你以後不會想遇到他，但是若以後事業上的需要，你也有
機會遇到他的朋友圈，這時，你一定會很後悔當初為何要
得罪人。

　　因此，我的建議是，在社會要多結交朋友，少建立敵人，若你的工作是業務員，那麼結交朋友絕對是你必備的條件，因為透過客戶的介紹，業務員將可以省下很多很多找尋新客戶的時間。

　　即使你不是從事業務性質的工作，你依然要與人為善，尤其若你想在職場上有所成就，你一定要跟同事和長官保持良好的互動關係，因為你將來若有機會加薪或升官時，說不定你當初結交的這些朋友，都可以推你一把，讓你的事業再進一步發展。

人脈就是錢脈

　　很多創業家在一開始創業時，都會集合自己親朋好友的資金來創業，因為自己或許有完備的計畫和創造力，但是若缺乏資金活水的話，可是什麼事都無法做成的，這時人脈的重要性就會在這裡顯現出來。

　　只要有人願意支持你的創業計畫，我相信這樣的人，除了親戚之外，一定是把你當成可以信賴的朋友，不然不會拿出自己的資金來幫你，因此我奉勸每個想創業的

年輕人，一定要在當上班族時，就培養好自己的人脈關係，因為這些人脈就是你將來的錢脈。

　　即使是不想創業的上班族，你至少要維持住跟老闆的好關係，因為老闆掌握的可是你的薪水高低，若是你想要你的薪水越來越高，你就不能把你跟老闆的關係，搞的越來越差。

了解同事的關係

　　許多人在職場上都是明爭暗鬥的，工作上凡事有功勞都是自己的，有過錯就會想辦法推給別人，這是基本的人性，因為每個人都想要保有自己的工作，不想因為自己在工作上犯錯時失去工作，因此職場上的彼此競爭是非常激烈的。

　　即使如此，你還是必須維護好同事間的關係，因為你想要有更高的職位和薪水，而不只是滿足於目前的工作，因此你就一定要有更好的情緒控管、更佳的溝通協調能力、更棒的工作態度。所以在同事的相處上，你更加必須要保持態度友善。

遇到公事時說之以理，藉此讓同事們感覺到你是個在工作有所堅持、與人為善的一個人，久而久之，自然會贏得同事間的敬重，工作上的許多流程也會越來越順利。

了解自己的實力

你知道你自己的實力如何嗎？「知己知彼，百戰百勝」，這句話是在商場上的定律，在職場上也適用這句話，你必須要懂得目前自己的競爭力如何，最好的方式就是跟你同職等的同事來比較。

跟他們比起來，你的外語能有沒有比較好？你的企劃能力有沒有比較突出？你的溝通能力有沒有比較優秀？像這樣的許多比較，都是可以幫助你了解自己的實力到底如何，若你在很多方面的能力都比別人優秀，老闆自然而然會主動幫你加薪，因為優秀的人才在組織裡面，是很容易突顯出來的。

所以若你自認為能力很不錯，可是為何遲遲未獲重用，那麼很有可能是你在某方面還沒達到優秀的境界，你要試著去找出你的弱點，並且試著改善，千萬要記住，老

闆沒有義務要幫你加薪，可是你自己卻有義務提升自己的工作競爭力。

成長是主要目標

我在職場上的工作目標很簡單，就是不斷地讓自己的成長，不管是語言能力、管理能力、時間運用等能力，我都會每隔一段時間檢視自己，是否有比以前進步，若沒有進步，我會拿出紙筆，寫下明確的方法和達成時間，我把工作競爭力的成長，當成我工作上的主要目標。

我相信像我這樣的工作態度，也會令多數老闆滿意，因為老闆請員工來，是要員工主動去發現問題，並且懂得解決問題，像這樣的員工，不管是做什麼工作或職位，都一定會獲得老闆的重用的。

組織力就是競爭力

工作上不只是手上正要處理的事情，有的
是過去的事情要做收尾的動作，有的是未
來的事情要作規劃的動作，這時每個人便
非常需要「組織力」的能力。

....

有次我們公司要搬家，由於我們只請搬家公司一天的
時間，因此，我們必須要在搬家前，就把所有的物品打包
好裝箱，並且在箱子外面註明裡面裝了什麼。

搬家事前的準備時間算充裕，可以趁有空檔時就邊打
包，不過在搬家當天，就考慮到了每個人的組織力了。

搬家也要有組織力

由於老闆下命令我們只有一天的時間整理，不管當天
就拆箱到多晚，都必須要整理完，因為我們要在搬家的隔
天，就要在新辦公室正常辦公。

所以我們在早上就請搬家公司先把所有的箱子和辦公桌搬到新辦公室，不過這時問題來了，由於老闆還在舊辦公室，因為他要跟房東交屋，因此我們有些人就先跟搬家的車子，到新辦公室等他過來。

　　箱子和書架還有辦公桌，混亂地堆疊在新辦公室上，我很擔心如此等待下去，不只浪費時間，而且隔天也一定無法如期開始上班，因此我主張，先拆箱並且把一些可以上架的物品書籍都先整理。

　　不過這時行銷經理跳出來了，他表示老闆有交代要等他過來才開始整理，我看了一下時間，當時已經下午約2點了，再不拆箱整理，當天晚上可能就要睡在公司了，因此我表示還是要先拆箱整理。

節省時間

　　因為老闆不在現場，我們必須自己做出最好的判斷，甚至要假設若老闆在現場的話，會如何指揮我們做事，行銷經理不敢違抗老闆的命令，遲遲不肯動作，這時我打電話給老闆，跟他說明我的想法，老闆也認同我們應

該能先整理的就先整理，在老闆的同意下，我們終於可以開始拆箱整理了。

我把所有人員都分類為拆箱組、上架組、堆疊組，也就是當搬家公司搬進來的物品，拆箱組就負責要把物品歸類到要上架的地方，這時上架組就負責拆箱上架，而堆疊組就負責把暫時還不急著上架的箱子，先放置一旁。

我們就像一條生產線一樣，各自在自己的崗位上做著拆箱、上架、推放的動作，如此過了3小時左右，我們已經把所有的物品上架和歸類好，而辦公桌也組裝好，這時老闆也剛好到了，他一到時非常驚訝我們的效率。

因為他本來預計我們要整理到9點，沒想到5點就完全整理好，不但當天不用加班整理，隔天也可以正常的開始上班。

老闆稱讚了我們：「很好，節省了很多時間」。

當我聽到這句話時，雖然心中也是很安慰，不過內心卻有了其它一些不同的想法。

主動思考

經過這次的搬家事件，我發覺到公司內有一些同事如行銷經理等人，完全沒有主動思考的能力，居然會要放任現場的混亂，要等待老闆來親臨指示。

若搬家這樣小事，都要老闆一字一句下命令，那麼，以後公司大案子，要如何委託行銷經理去執行呢？

我認為或許這也是老闆平常的管理風格，他不只會關心大事的進度，對於公司內部的一些小細節，他若看到也都會立即地提醒同仁，久而久之，同仁們會任何事都會先去請教老闆，這也造成了工作上的流程經常地延誤。

因此，經過了這次搬家經驗，我跟老闆主動提出，要讓我們員工有一點權限，可以當下決定要如何去解決問題，而下決定的人，就當然要為自己的決定負責，老闆也同意我的看法，並且立即跟同仁宣布他的新政策。

從此之後，我們員工們都有了主動思考的空間，進而可以想出如何去解決手上的難題，而不必事事都要請教老

闆的指示，而老闆也終於可以回到管理者的角色，只需負責盯著我們最後的成果，再根據結果來分析檢討。

善用行事曆

　　在工作上有很多很多雜事，不只是手上正要處理的事情，有的是過去的事情要做收尾的動作，有的是未來的事情要作規劃的動作，這時每個人便非常需要「組織力」的能力。

　　你必須要把很多雜事或混亂的情形，在很短的時間內組織起來，並且馬上想出如何解決，我通常都會列出一個明細表，把最緊急和最重要的事情排在最前面，並且規定自己一定要在某個時間內完成。

　　工作的行事曆大家幾乎都有在寫，可是寫在上面的事項，你有沒有整理過呢？還是每次紀錄完，隔天後就重新再紀錄新的事項，結果久了之後，寫行事曆也只是形式上的動作而已。

　　我在行事曆上紀錄事情時，就會預先分類為重要、次

要、不重要等事項，並且在紀錄的當下，就直接在事情的旁邊寫下我預計完成的時間，並且每天都會更新，有空時還會稍微檢討一下進度的達成度。

長久下來，我記在行事曆上的事項，不只都能夠準時地達到，並且我處理事情的時間也越來越短，因為我已經掌握住了把事情在最短的時間內做好的SOP，我自然可以在同樣的時間下，處理越來越多的事情。

組織力越強越能夠加薪

老闆在觀察一個員工的表現時，不只是看工作的達成度，還會觀察在這當中員工處理事情的邏輯正不正確，並且若同時有很多事情要處理時，這個員工當下的反應如何，都是老闆考量加薪的原因。

記得我剛近公司時，老闆只交代我一個簡單的任務，我第一個月很單純地就把他處理完了，

沒想到第二個月老闆交代我5個任務要達成，第三個月老闆交代我10個任務要達成。

▶ 我的每日行事曆

_____ 月 _____ 日

處理 事項	非常重要	重要	不重要	非常不重要	完成 日期
1					
2					
3					
4					
5					
6					
7					
8					
9					
10					

幸好我運用我的行事曆來組織這許多的任務，並且都不負老闆所託的達成任務，沒想到過了試用期後，老闆大幅地加了我薪水，因為他觀察到我對事情的冷靜處理和不慌不忙的態度，正是公司所需要的人才。

　　若你目前正處於「不知為何而忙」的工作狀態，建議你花一點時間，製作你自己的工作行事曆，並且確實地去達成，我相信過一段時間後，工作上的成效一定會顯現出來的。

 M型富人小秘訣

　　在目前的社會上，不管要做什麼事，有好人脈的人，通常都很容易成功。

如何解除工作壓力？

> 大多數壓力，我認為是來自於每個人內
> 心，只要你學會如何把壓力轉化為動力，
> 那麼工作上的種種壓力，你將不會畏懼。

上班久了每個人多多少少都會有一些壓力，這些壓力有的來自於長官，有的來自於同事，有的也來自於自己，面對這麼多的壓力，若不懂得適時地讓自己釋放出來的話，那麼長久下來，將會讓自己在生理和心理上都開始不健康。

壓力的產生

為何會產生壓力呢？我認為是時間和體力是造成壓力的來源，也就是說，當一件任務需要在短期內達成，但是你認為還需要更多一點的時間時，那麼這時候就容易產生壓力。

此外，假如你已經付出了很多體力在工作，但是工作上還沒有成效，那麼你也容易在心理面產生壓力。

人與人之間的關係，也容易造成自我壓力的產生，有時候老闆的一句責罵，就會讓人感到恐懼，進而讓自己一整天的工作都心神不靈，理所當然的就會讓工作效率完全停頓。

同事之間也很容易產生摩擦，尤其是共同要完成一件任務時，由於每個人都有自己的意見，因此若是稍不謹慎講錯了話，就很容易彼此得罪，而這時若有人情緒控管不好，爆發出脾氣出來，那麼我想那一天所有人都會感受到「工作壓力」了。

正面思考

這麼多的壓力，要如何才能去化解呢？我認為首先在遇到任何負面情緒時，要懂得去正面思考，讓自己可以盡速地擺脫負面情緒，也唯有如此，才能讓自己在職場上越來越有競爭力。

例如當老闆要求你要在一星期內要完成一項任務，而

這樣的任務在一般的狀況下，大約都要一個月以上的時間才能夠完成，那麼你應該很容易感受到壓力，那麼要如何把這樣的壓力轉換為正面思考呢？

如果是我，我會把完成這樣的任務，當成一項比賽，就類似知名電影影集「誰是接班人」一樣，要在短期間內完成任務，並且任務的成效要超過對手，因此我不會把時間花在去抱怨老闆沒人性，壓榨員工的精力和時間，反而會積極地去找出方法來達成任務。

旅行

找個時間去旅行，也是我解除工作壓力的方法之一，原則上，對於旅行的地點，我不會特地選擇，有些地方甚至是我一去再去的，因為我認為值得讓自己身心靈完全放鬆的地方，就是我喜歡去的地方。

很多人覺得旅行很花時間和金錢，事實上，我在週末時的旅行，經常是在我家的後山，而平常假日的旅行，則是我家樓下的公園。

對我來說，旅行可以不花錢、也能夠有效運用時間的，關鍵就在於你有沒有心。

　　在旅行中你會不會想到工作上的事呢？

　　對我來說，即使是出遠門遊玩，我還是會經常想到工作上的一些鎖事，對此我不會刻意去想出解決方式，只是盡情地享受旅行中的放鬆和恬靜，而通常很多工作上的難題，就是在這樣的狀況下，讓我找到了解決的妙方。

　　你有多久埋首於工作中，在週末時是在家裡睡覺看電視呢？找個地方，好好去玩吧，賺這麼多錢，而不懂得享受生活、享受人生，那賺錢的意義不就完全被扭曲了，不要把自己當成是賺錢機器，好好透過旅行來放鬆自己，很多事情經常會在放鬆的狀況下輕易地被解決。

運動

　　有科學家研究過，當一個人在運動流汗時，腦神經會激發出一種快樂的化學反應，那種快樂和放鬆的感覺有點類似嗎啡，因此科學家鼓勵人若要長壽或是抒壓，都可以

透過運動的方式來進行。運動的好處多多，對我來說，運動可以讓我保持好的身材，可以讓我的心肺功能強壯，最重要的的是，運動可以幫我解除掉許多工作上的壓力，甚至有時候在職場的一些怒氣，也可以透過運動的方式，慢慢紓解出去。

我最喜歡的一項運動是「健走」，也就是比散步快一點，比跑步慢一點的運動，也就是所謂的「Power Walk」，我會選擇這項運動的原因是，我不受時間和空間的限制。

我隨時隨地都可以開始運動，我能在上下班的途中健走，我能在見客戶的途中健走，甚至我還能在去買午餐的時候健走，我隨時都能夠開始運動，對我來說，這就是一項很棒的運動。

因此，千萬不要再用「很忙、沒時間」的藉口，說你不能去運動了，相反的，你應該積極地利用時間運動，並且透過運動，把你工作上的壓力卸除下來，就我個人的經驗，只要你持續運動三天以上，你就會開始經歷快樂的情緒開始在你體內增長茁壯。

休息

通常一陣子忙亂的工作之後，不只會讓人感覺到腦力被榨乾，就連身體也是精疲力竭，這時建議你就可以多讓自己休息，因為很多疲累的感覺，是很容易讓人產生負面的想法。

所以假設你真的很沒有體力再去運動，那就好好休息吧，讓自己的身體徹底地放鬆，也讓頭腦稍微冷靜一點，我相信在忙碌的工作生活中，一定可以適時地幫你充電再出發。

休息分為很多種，休息有可能是小睡片刻，有可能是請假去戶外走一走，也有可能是離開目前的這份工作，讓自己徹底地離開職場休息，若你是選擇離開職場做一個充分的休息，我也認為是個不錯的選擇。

因為每個人的人生都有不同的階段性，每個人都應該工作一段日子後，就檢視自己目前的生涯規劃，我認為只要你認真踏實地規劃自己的生涯，那麼把休養生息放進計畫中也無不可。

壓力來自內心

在很多時候，工作上的壓力表面上是來自於他人，但是大多數的壓力，我認為是來自於每個人的內心，只要你學會了如何把壓力轉化為動力，那麼工作上的種種壓力，你將不會畏懼。

反而會勇敢地去挑戰每一次的難關，因此當你下次遇到所謂的「工作壓力」時，試著把它當成讓你繼續成長的動力吧。

✎ M型富人小秘訣

> 賺錢而不懂得享受生活、享受人生，那賺錢的意義不就完全被扭曲了。

想成功就要享受被拒絕

一個成功的業務員面對客戶的拒絕，不只不會傷心難過，反而還會去享受被拒絕的過程，因為也唯有被拒絕，業務員才有進度的動力和方向。

「我不想領死薪水，我想創業賺大錢」、「我不想為錢工作，我想讓錢為我工作」、「我不要靠勞力賺錢，我想靠腦力賺錢」。

以上這些問題，很可能是眾多剛從學校畢業的社會新鮮人想說的話。

的確，我也鼓勵年輕人不要當個領死薪水的上班族，條件可以的話，應該趁年輕多嘗試一些機會，不過……我的前提是：「條件可以的話。」

懂得被拒絕

　　想要一開始就不為錢工作最重要的條件是，你現在生活無虞，也就是你是富公子、富千金，你爸媽可以無限制供應你零用錢。

　　或是你有辦法籌到一筆錢創業，這筆錢可不是幾十萬喔，而是可籌到上百萬甚至上千萬來創業。

　　不然的話，我建議你為了基本的生活費，還是先去找一份工作做吧，畢竟有個固定收入後，你可以開始練習儲蓄和投資的過程，慢慢累積自己的經驗，是年輕人最重要的一件事。

　　社會新鮮人要學會的第一件事，就是要懂得「被拒絕」。

　　尤其是在面試的時候，將會有許許多多的老闆拒絕你，甚至在你好不容易進去工作時，工作內容依然會被主管和老闆拒絕，嚴重的話，甚至要你走路，給你一個徹底的拒絕。

「被拒絕」的感覺很不好，但是卻是新鮮人必須要優先適應的一個狀態，原因就是在學校時，老師和同學不會拒絕你，因為彼此都沒有利益關係，甚至不需要跟別的公司競爭，因此自然沒有被拒絕的壓力。

出了社會就不同了，由於你面對的是比你更有經驗、學經歷比你更好的人，因此，你會遭受到許許多多的拒絕，那麼，要如何去克服「被拒絕」的狀況呢？

我的答案是「習慣」，沒錯，最好的方法就是去習慣，並且從每一次的「被拒絕」中茁壯，唯有如此，你才有可能踏出成功就業的第一步。

不可放棄

假如你的職業是直銷或是業務員，那麼你應該經常會面對拒絕的時候，你很有可能今天拜訪10個客戶，會遭受到11個拒絕，因為有一個客戶你覺得有希望，又再去拜訪一次，結果又被拒絕一次。

業務的工作通常流動性很高，最主要原因就是每個人

的內心都不喜歡被拒絕，都不喜歡被人否定的感覺，因此假如努力拜訪客戶一陣子後，業績完全沒有起色，甚至還沒有開張，那麼就很容易產生很多負面思考。

例如你會想：是不是自己那裡講的不好？是不是產品不好？是不是客戶討厭我？學長學姊說他們當業務賺到錢是不是騙人？我做這工作有前途嗎？我是不是該離職？

許許多多的負面思考，都會讓你開始想要逃避，更嚴重的話，你甚至不敢開口跟人講話了，其實這些狀況和心路歷程我也有過，但是我當初不管產生了什麼想法，我都告訴自己：「絕不可放棄」，因為一放棄，客戶們的拒絕就成真了。

所以或許是我的個性比較不服輸，因此即使我拜訪的客戶完全不理我，我曾經超過三個月完全沒有業績，我只領最低的底薪過日子。

我曾經想過要離職，另外找一份工作，但是我就是不想這樣離開這份工作，我想要離職的時候，是以Top Sales的身分離開，而不是一個完全沒有業績的身分離開。

從第一筆成交開始

面對業績不好，不只是自己，就連親戚朋友也不贊成我繼續從事業務的工作，他們認為業務的工作太辛苦，並且薪水非常不穩定，建議我還是找一個穩定一點的工作比較好。

對此我的回應都是，我打算要從第一筆成功的成交開始，因為我相信成功的交易，能夠帶來我的信心，並且讓我的薪水上升，最後就能帶給他們信心，而親友團感受到了我的決心。

出乎意外，他們居然開始鼓勵我，並且很多人還介紹我去參加銷售培訓的課程，藉此累積我的銷售技巧。

拒絕是一種過程

當我成功完成我的第一筆交易後，在我回公司的路上，我發覺我的手在微微地發抖，我並不是在害怕，而是高興地發抖，我很高興我終於完成了成交了，而且我知道我並不是沒有用的人，我也可以為公司賺到錢。

　　我以前耕耘的客戶漸漸地開始跟我下訂單了，我以前忙的是到處拜訪客戶，而我現在忙的卻是接電話處理客戶跟我下訂單。

　　我終於開始體會到，以前學長學姊跟我說的：「拒絕是一種過程，可是一旦你成功過一次，你就會喜歡上那種感覺」。

　　的確，對現在的我來說，以前客戶的拒絕的確是一種過程，沒有那些拒絕，我不知道如何再去提升自己，如何再多了解產品知識，如何再去多體會客戶的需求。

享受拒絕

　　我認為一個成功的業務員面對客戶拒絕，不只不會傷心難過，反而會享受被拒絕的過程，也唯有被拒絕，業務員才有進步的動力和方向。

　　我想大家應該都聽過一句話：「客戶決定成交的因素不是因為商品，而是業務員」。好的業務員能把不好的商品賣的嚇嚇叫，不好的業務員無法把最優秀的商品推銷出

去，因為在很多時候，客戶其實是在購買「業務員」，而不是單純購買商品。

因此，一個成功的業務員，應該是能夠讓客戶信賴，並且能夠提供最好服務的人。

M型富人小秘訣

當通過許多考驗後，所換得的成就感越大，並且讓我的工作生涯成為一個良性循環。

▶如何成為享受拒絕的業務

1. 不可放棄	負面思考會讓你開始想要逃避,更嚴重的話,你甚至不敢開口跟人講話了,其實這些狀況和心路歷程我也有過,但是我當初不管產生了什麼想法,我都告訴自己:「絕不可放棄」,因為一放棄,客戶們的拒絕就成真了。
2. 從第一筆 成交開始	我打算要從第一筆成功的成交開始,因為我相信成功的交易,能夠帶來我的信心,並且讓我的薪水上升,最後就能帶給他們信心,而親友團感受到了我的決心,出乎意外的是,他們居然開始鼓勵我了。
3. 拒絕是 一種過程	我以前忙的是到處拜訪客戶,而我現在忙的卻是接電話處理客戶跟我下訂單,我終於體會到,以前學長學姊跟我說的:「拒絕是一種過程,一旦你成功過一次,你就會喜歡上那種感覺。」
4. 培養自信心	成功的感覺是會讓人上癮的,這種上癮不像是喝酒或是吸毒品,反而是會讓人身心健康的感覺,若你也是個成功的業務員,我相信你也能夠體會到我的感覺。

讓團隊更上一層樓

真正好的領導者不只讓自己的能力不斷成
長，最重要的就是要能夠讓團隊成員都能
認清楚自己的角色。

••

真正好的領導者不只讓自己的能力不斷成長，最重要
的就是要能夠讓團隊成員都能認清楚自己的角色，進而讓
團隊更上一層樓。

用對的方法做事

很多上班族都有個心聲：「我很勤勞阿，每天工作超
過12小時，每天回到家都累斃了，可是為何還是無法成
功？」我想會造成這樣的原因只有一個，那就是：「大多
數人都可以勤勞，可是卻無法刻苦。」

刻苦是什麼呢？

我對刻苦的定義是，別人都不想做的、或是不肯做的事情，只要有人肯去做，並且持續去做，這樣的人就有刻苦的精神。

有哪些事是上班族不太可能去做的呢？

例如：倒茶水、拖地、掃廁所等事情，這些都是上班族不太可能會去做的事情，大家通常都只關注到把手頭上的事情忙完，就算對公司有貢獻，像掃廁所這種事情，留給清潔工去做就好了。

對公司的向心力

我舉例清潔工作是個最簡單例子，但是台灣不是每一家公司都會請清潔工，因為台灣企業多是中小型企業，因此像清潔工作這樣的事情，通常都會讓員工分工去做，而當員工在做這些小事情時，其實老闆的眼睛都在看。

老闆會觀察每個員工做這些事情時的態度，還有做事的仔細度，因為這將會充分表現出一個員工對公司是否有高度向心力。

因為員工在家也會做清潔工作，老闆主要透過一些勞動工作，觀察員工是否把公司當成自己的家一樣對待。

清潔工作雖是小事，但是若做的不好也有可能會被辭退，我自己就曾經看過老闆，因為員工做清潔工作不確實，然後再去檢討他的工作內容，發現他負責的專案也是錯誤百出，因此後來就辭退了那位員工。

為你的工作下定義

要想在職場上成功，就要先為工作下一個定義，我對工作的定義是：「我可以達到財務自由，並且對我的工作有成就感。」

這幾年工作下來，經歷許多甘甜苦好辣後，我發覺到一件事，要吃到甜美的果實，就要先經歷過苦楚，當通過許多考驗後，所換得的成就感越大，並且讓我的工作生涯成為一個良性循環，我會更不怕吃苦，努力維持吃苦耐勞的精神，並且逐步達到我的工作目標。

你有想過工作在你的人生中所代表的意義嗎？若沒有

的話，現在就花個幾分鐘，好好想一想工作的意義，我建議你不要只把工作當成是賺錢的方式。

若當在工作上遇到挫折，很容易會因為金錢的壓力勉強做下去，但是卻會失去當初想做這份工作的熱誠，我相信你只要保持吃苦耐勞的態度，你一定會找到你工作的哲學，活出一個全新的工作生涯。

培養自信心

成功的感覺是會讓人上癮的，這種上癮不像是喝酒或是吸毒品，反而是會讓人身心健康的感覺，若你也是個成功的業務員，我相信你也能夠體會到我的感覺。

若你現在還是陷入被客戶拒絕的狀況，我建議你一定要做的一件事，就是培養你自己的自信心。

就像林書豪當初告訴自己的：「我不可放棄，神創造了我，我一定會是個有用的人。」你一定要積極地思考，當有任何一絲絲負面的想法產生時，唯一能夠解決的方法，就是站起來，繼續去拜訪客戶。

心中不要任何的掛念，一心一意地為客戶介紹公司的
好產品，我相信你一定也能夠享受到成功的感覺。

M型富人小秘訣

　　當通過許多考驗後，所換得的成就感越
大，並且讓我的工作生涯成為一個良性循
環。

Chapter 3
M型富人的省錢力

如果想在下個月戶頭裡多存1,000元，是去找老闆幫你加薪比較快，還是自己省下來呢？我想不用一秒鐘就有答案了，當然是靠自己省錢卡實在。

如何在生活中省錢

「省錢就是賺錢」不是一件不值得或是遙不可及的事情，也是初入社會的年輕人最該擁有的能力。

∙∙∙

一直到現在，對於十多年前的一幕場景到現在都記憶猶新。那是在第一份工作的休息室中。

3年存100萬

畢業後一年順利進入一家大公司就業，由於是基層員工，所以起薪自然不怎麼可觀，又由於從事的是光鮮亮麗的交通服務運輸業，因此固定有一些支出花用在女性喜歡的物品上面，像是化妝品、衣飾、鞋子……等等。

雖然沒有到達所謂透支的狀況，但是從來沒有特別想到、也不懂得要特別去省錢。

　　工作幾年之後，對於工作有正常性的倦怠感出現，也很希望能有個「長假」來做轉換，在這種時候，如果有足夠的經濟條件，即便是轉職也不會過於擔心。

　　就在與同事們一起感嘆沒有條件休息放長假的時候，有一位女同事突然宣布她要離職了。大家都十分好奇為什麼她就沒有經濟方面的顧慮呢？

　　她說：「我工作的這三年大約存了一百萬，我想利用這筆錢幫助自己轉職並且進修。」這時候在座的大家都被打擊了。

　　和她一起工作三年的我們，照理也應該可以存到的一百萬跑到哪裏去了？一百萬對一個成功人士來說也許是一筆小錢，但是對一個初入職場的小員工來說，卻不是一筆小數目。

　　為什麼人家可以存到一百萬，自己卻沒有呢？這位同事後來在大家羨慕的眼光中離職，在休假的過程中充實自己，並且順利進入理想的公司工作，薪資等級比起我們已經是又高了一級。

這只是筆者最初對於「省錢」一事有沉重反省的一個小事件。此後我醒悟了「省錢就是賺錢」不是一件不值得或是遙不可及的事情，也是初入社會的年輕人最該擁有的能力。

把自己當成企業省成本

全球經濟環境不景氣是不爭的事實，除了有條件、有膽識、或者有機會的年輕人，能夠在創業求財的冒險中突破重圍外，一般人多半趨於保守。

尤其沒有資本條件的社會新鮮人或者白領、粉領上班族，寧可在已有的經濟基礎上守成，實在沒有多餘的資源可以掙錢了。

在這種條件下，如何在日常生活中做到「節省」就是一門很大的學問了。

其實不管是不是守成性質的一般上班族，就算是創業者也非常需要了解節省的學問。如果能在生活中節省，也就意謂著你在經營一間工作室、一家公司、一個企業也能

夠同樣有節約的概念，這就是所謂的「成本控制」。一個好的企業公司尤其需要成控的概念。

而一個家庭或者一個個體戶（一個人）也是一個迷你企業，自然也需要成本控制了。

如果把省錢當做有計劃的成本控制，那麼實際執行起來就會更有效率。

一個個體戶，也就是一個人，該如何在生活中做到省錢呢？

這個問題若換一個方式來問：

如果將個體戶當成一個迷你企業來經營，你就是自己的CEO，那麼你要如何指揮你自己進行成本控制呢？

用這種說法來談的話是不是很有挑戰性，也有趣得多了呢？附帶要提到一點的是，坊間有許多專家總是提醒想要讓生活多點規劃、多點節約的人要妥善運用「信封分類法」來做金錢的處理。

所謂「信封分類法」就是在每個月領到薪水的時候就事先將它分成幾個用途種類，然後一一放入信封袋內（或者一一存放在不同的帳戶中）。

譬如將所有的薪水分成生活必要開銷費用、娛樂費用、學習及進修費用、不動用項目……等等。

信封法並不是不好，它把金錢的運用事先就分開，這樣可以清楚了解自己在哪一個方面花費比較多、比較少，能夠充份規劃。然而實際的情況是到了月底，某一項目的費用超過了之後，人們往往就會向另一個還沒用盡的項目去挪借。

這樣的情況並非少見，據調查，幾乎90%使用信封法存錢的人都曾經使用這一招！因此可以想見，光是做規劃或者使用什麼特定的方法並不能有效讓人省錢！

真正有效的省錢方式是從生活中改變。

改變一些浪費錢的習慣，等於養成一個存錢的好習慣，這才是真正有效的省錢方式。

　　一個擁有正常工作的職場人士在生活中會花用金錢的情況都很類似，那麼要如何改變呢？

　　生活的需求就是你這個「個體戶」各個部門，CEO下達了「成本控制」～也就是「節約」的指令，各個部門將如何進行呢？

　　我們可將自己當成一個迷你企業，在各種可以調整的單位中進行一場個人的成本控制吧！

M型富人小秘訣

　　　如果將個體戶當成一個迷你企業來經營，你就是自己的CEO，那麼你要如何指揮你自己進行成本控制呢？

「餐食」部門做出改變～

現代人張口閉口無一不是「食」的問題、
所有的媒體和資訊都圍繞在「食」的問題
之上。

想要好好的吃，需要付出的錢可能比吃到的口感來得
有刺激性啊！既然影響如此巨大，要省當然就從這裏開
始！

聽聽前輩怎麼說，老生常談也很重要

想要吃得省又要吃得好，確實不容易。不過有一些老
生常談卻是最基本該做到的：

一、自己採買、自己做菜。

二、將生活盡量規律，三餐正常吃，不將錢花在多餘
且傷身的零食宵夜。

　　三、貴的餐點不一定好吃。
　　四、不暴飲暴食。

　　這些老生常談對於在吃食上具有真切的道理，而且也是現代人養生的第一潛在規則。

　　自己在家烹飪的好處是顯而易見的：因為食材自己選擇，可以挑選到最合口味的，並且絕對料多實在。譬如外面流行的知名拉麵店，動輒一兩百元起跳。

　　但是仔細研究，除了湯頭可能一般人很難備料，其餘的食材都是非常便宜的食材，兩片豚股肉如果有價值的話，那些玉米、青菜、蛋類的東西真的需要一兩百元嗎？再好吃的麵條也不過就是麵條。這樣的程度其實自己在家簡單烹煮也能達到滿足的水準。

　　此外現代人經常外食，有一種惡性循環經常發生，那就是在外面吃的時候嫌貴，所以點得少，回到家又肚子餓了，只好以零食裹腹。零食是經濟效益極差的東西，本身材料價值低，加了一大堆化學調味料之後上架，熱量既高又含棕櫚油等危害健康的東西，而且還無法真正填飽肚

子。吃進這些垃圾食物肇因於你前一餐吃得不夠，這樣是不是很不值得呢？

　　店面或餐廳基於店租及原物料的考量，一般自然是直接將成本轉嫁到消費者身上，因此很多餐點的高昂價格並不一定表示是它本身的價值，你可能只是在幫老闆分擔地段店租或是猛漲的瓦斯費。

　　況且到餐館中用餐多半要支付一成服務費，你想想看如果這一成服務費需要的只是自己端端盤子、桌面排列，還不如自己在家做呢！

　　吃到飽的餐廳就更是不可取了。美其名是吃到飽，但是一個人的胃真的可以裝得下那麼多東西嗎？可是吃到飽餐廳標示出的價錢都十分高貴，就算你只吃昂貴的食材也不可能達到那個底線，而且身體或許也會提出抗議呢？！

　　這個論點是見人見智的，不過以醫學的觀點來看，暴飲暴食絕非正途，讓腸胃能夠從容地工作才是保養它們最好的方式。如果訪問一些高壽健康的老人家，你很難聽到

有人會表示自己是個「食量很大」的人,大部份的人篤信每餐「七分飽」,這是照顧身體不變的真理。如果你要管理你自己身體的這家公司,絕不會想用超時加班、加量的方式進行吧!管理人要負很大的責任喔!

前面說了這麼多,也不是說絕對不能外食,因為都市人生活緊湊,外食是在所難免,偶爾聚會在餐館用餐也有人際交流的加分作用,這些是可允許的。

但如果你天天外食,這樣就不太應該了。想要省錢,你盡可以做個小試驗,一週的時間可能看不出來,記錄兩週或三週天天外食的費用,然後試行兩週或三週盡可能自己在家開伙,結果會讓你明白「老生常談」說的是什麼喔!

保存食物的方法大有關係

都市人生活忙碌緊湊,總是利用週末假期時到賣場做一次性的採買,量販賣場也看準了這種商機,多半賣的是量販包裝,不論是生鮮產品還是乾貨,一買就是一大箱或一大包。食物太多屯積在冰箱,時間久了一樣不新鮮。

單身貴族或許沒有這種問題，但是確實有很多沒有實際持家的年輕人以為冰箱是萬能的，許多東西都堆在冰箱，冰封許久後才想要拿出來吃，卻發現已經腐壞了。因此在收納食品時有許多小竅門：

　　一、生鮮肉品可以分袋裝好再冷凍，要取用時就不必全部退冰，避免重覆退冰造成的菌數問題，而且可以輕輕鬆鬆取用適當的份量。

　　二、蔬菜平時可以用報紙包好再放進蔬果冷藏室，但是這樣的做法也只能多維持幾日。如果真的份量太多了，建議將它們洗淨後先川燙起來，然後再冷凍，冷凍蔬菜在需要使用的時候可以直接退冰再烹調，方便又能增長保存期限。

　　三、嫩薑、蔥、芹菜、香菜等經常用來增加烹調風味的食物，價格會隨著市場因素起降，一般來說都是煮飯的人每天都需要用到的，但是如果時間放久了往往都壞掉不能再用，相當可惜。可以將嫩薑、蔥這兩種東西在新鮮時以鋁箔紙包裹再放入冰箱，可以延長相當久的使用時間。假如預期要放更久的時間，還能將它們切丁分成小包

放入冷凍庫，需要的時候一包就是一把，是變身料理達人的方便小撇步。如果買回家的食物都能物盡其用，那麼吃得好、吃得巧就不再是遙不可及的事了。

悶燒鍋是節約好幫手

在廚房忙過的人都知道，有時候為了要燉煮出好的風味，瓦斯爐得一直燒著，那瓦斯可是很貴的呀！

如果是單身上班族下了班回家，只為了煮一人份的餐點而要燉煮極長的時間，怎麼樣都不划算。因此要如何自己烹調並且節省瓦斯費用也是一門學問，有時候適量以別的方式取代瓦斯爐火，像是蒸煮及烤箱，但是電費也是省錢一族必要在意的環節不是嗎？

這時就十分推薦悶燒鍋，很多人喜歡盲目追求品牌，連鍋具也不例外。一些進口快鍋及鑄鐵鍋即使真有某種程度的好用，但是價格昂貴，並不是一般薪水族可以隨意購買的。其實準備一個好的悶燒鍋就可以擁有進口快鍋的功用，價錢還是它們的三分之一甚至四分之一，何樂而不為？悶燒鍋省電又省瓦斯，千萬不要小看它的妙用。

悶燒鍋的原理是利用悶在鍋內的高溫來維持烹煮時一定的溫度，只要能夠事先準備好，在等待悶燒的過程還可以非常放心地做些別的事，等到時間到了拿出來就是一鍋好料。

有時為了方便，我會在前一晚準備一鍋鹹粥，睡前煮開後就放進悶燒鍋中悶煮，第二天一大早就能立即吃到熱呼呼又軟爛綿密的鹹粥，而這一切都在我的睡夢之中完成，真的是太完美了。

如果必要外食，掌握地點及「小確幸」

現在大家都了解了潛在規則，但是如果必要外食的時候該如何選擇呢？流行是帶動金錢的一個指標，流行的餐廳不適合想要省錢的小資男女經常光顧，那麼什麼地方可以吃到好吃又便宜的東西？

基本上，校園商圈的飲食多半好吃，價格也比較低廉，有時還能兼顧流行的感受。為了迎合校園附近龐大的學生族群，商家的訂價多半是學生可以負擔得起的，而且透過學生口耳相傳的評價快速傳播，這樣做是對商家自己

也有利的。如果學生多的地方太過擁擠，你也可以造訪一些巷弄內親民的小吃店，如果發現口味不錯價格也還能接受，將它變成你外食生活中的小確幸，簡單外食也能擁有低調的幸福。

此外，在外用餐的時候可以多研究一下菜單，有時候不同的組合能夠省下不同的消費，還能吃上較多口味。

一般來說餐廳都附有套餐組合，這種套餐組合一定是貴的東西搭上便宜的東西，便宜的東西就像是飲料或是少得可憐的小菜，如果是這樣的組合，建議可以再多比較一下其它的選擇，飲料及小菜或許根本不是你想吃的，別被套餐組合的促銷優惠給騙了。

準備便當或是在公司內的員工餐廳用餐，可以兼顧飽足及荷包

現在的企業多半對於員工餐廳有一定的重視度，如果公司內有員工餐廳，不妨盡量前往用餐，因為公司一定對員工提供有優惠。能夠以清新的價錢飽足一餐是許多上班族最理想的民生解決方案，千萬不要對員工餐有固定的刻

板印象，而總是在用餐時間到外面四處尋覓，最後不僅浪費尋找的時間，也沒能夠吃飽，還花了不少冤枉錢。試想如果員工餐的優惠比外面省下了二十元，一週就能省一百元，積少成多絕對是省錢一族必要謹記的守則。

莫須有的習慣，拿鐵因子最該戒除

想要省錢，一定要避免在自己的身上有「拿鐵因子」的存在。

「拿鐵因子」是什麼呢？基本上拿鐵兩個字可以換成是任何一種東西，都是現代人崇尚品味及流行而自然形成的因子。每天經過咖啡店就覺得必要來一杯拿鐵咖啡，有時候並沒有這麼需要，但是既然經過了就還是買了一杯。這就是「拿鐵因子」。

每天一杯飲料，一杯咖啡算五十元好了，一個月下來也花了將近一千元。更何況一杯咖啡的錢根本不只五十元。更糟糕的是本來沒有喝咖啡習慣的年輕人因為跟流行所以每個人都開始喝咖啡。要知道為什麼便利商店要積極搶進咖啡這一塊，那就是因為這一塊容易賺到錢。

　　哪一個商家會積極搶進一種不容易賺錢的商品呢？容易賺到錢表示東西未必很細緻，因此我建議生活作息很正常的人根本不需要每天來一杯咖啡。

　　這種拿鐵因子換成其它任何一種東西亦然。

　　昂貴的麵包店遇到了就非得進去買一點東西。遇到特價品就覺得非揀便宜不可。辦公室團購時不管自己需不需要就立刻跟進……這些都是在吃食上要不得的習慣。真正有品味的人不是要盲目跟著大家吃，而是吃得健康、吃得簡單又滿足。

促銷手法是商家推出的，獲利的絕不是你

　　採買時避免因為「買一送一」、「買三送一」這一類的促銷手法而無意識的入手也是很基本的省錢觀念。因為如果買的不是原本計劃中的東西，到最後往往會過期丟掉或者勉強吃下，這些真的是非常不必要的浪費。買東西的觀念在於「需求」，而不是「得到」，如果總是抱著想要「得到」東西的心態去採買，往往就容易貪小便宜，最後

帶回家許多原本不是計劃中想採買的食物，這時候不僅在烹飪時容易為了使用這類食物而使用，也就是「多買多吃」，連帶吃不完的食物也多，廚餘也就更多。

台灣人在飲食上浪費是全球第二名，廚餘量是整個南亞及東亞的九倍！如此之多的食物浪費值得我們注意，真正的「良食」不是豐富，而應該是吃得簡單健康幸福。

夜市內都是小吃，
可以替代花錢的正餐？這是陷阱

夜市內的東西看似小錢，但價位通常都在五十元上下，份量又是要大不大、要小不小，吃一份吃不飽，吃兩份就已經超出預算，這就是夜市的陷阱，隨隨便便到夜市想要解決正餐，一個不小心可能花費就超過兩百元。因此夜市只能當成逛街品嚐小吃，不要任意想在夜市「吃到飽」。

而且到夜市最常發生的情形就是：「本來想吃A，結果卻吃了B，因為吃B就吃飽了，但又不想放棄A，於是還是去買了A，最後A就吃不下了～」一個人如果連自己

的口腹之欲都不能控制，那麼可以說其它所有的大事也應該都控制不了了吧！

看到便利商店就彎進去～
鈔票變少的原因

　　台灣的便利商店多如牛毛，短短一條街上就可以找到三四家不同招牌的便利商店。也由於商店之間競爭激烈，因此便利商店可以說是越開越大，什麼都賣。商加為了要吸引消費者進多多消費，還會推出各種集點換獎的活動，各色的兌換品如杯子、小玩具、可愛造型筆等等，讓你覺得非要不可。

　　其實便利商店的開設最初是為了方便而已，讓人們在臨時有所需要的時候能夠有個「方便的好鄰居」可以提供解決之道，但曾幾何時，因為便利商店真的好多，冷氣開放並且燈光明亮，成為街角的一處休息站，有時走著走著遇上了就彎進去一下。

　　這一進去多半就買了一樣東西，夏天買飲料，冬天補充熱量，就這樣，就算是銅板就可以買到的東西也只不過

因為「遇上了」就花費出去。一時找不到零錢，一張百元鈔就掏出來支付了。你是否曾經想過：如果現在沒有遇到這家便利商店，這一把零錢會用掉嗎？

有些人為了要收集兌換商品，甚至特地到便利商店消費。那些換來的東西真的有這麼重要嗎？

如果消費者知道這些小玩意的成本，就會對這些小商品「另眼相看」了，而你為了這個根本沒有多少成本的東西集點，已經花了一大堆的錢。便利商店裏的東西都幾乎沒有折扣，在當中消費是最不明智的選擇，因此這「街角彎一下」的習慣務必要戒除。

 M型富人小秘訣

想要省錢，一定要避免在自己的身上有「拿鐵因子」的存在。

「衣裝」部門做出改變～

服裝的花費確實是不容小覷，儘管入手的
時候單價不是太高，但今天一件，明天一
件，前前後後加一加就是一筆為數可觀的
費用。

　　粉領族感到最令人費心的莫過於上班的服裝了。男性
的感受好像沒那麼深，但對女性來說可能是首要事件。然
而控制欲望是很難的，要女人控制欲望更難！因此在這個
章節中我們並不是要求大家不要買衣服，而是認清工作場
合不是該花費太多金錢的地方。

　　其實有意識到這一點的人會發現，職場中總是有些同
事精神百倍、充滿專業形象，但他們不把時間浪費在選擇
衣服上，而是用在如何於工作上精進。不把時間浪費在衣
服上、又不想為難自己的欲望，該怎麼做呢？

將便裝當成制服，購衣成本大縮減

最簡單又最有效的第一步就是將搭配好的精心打扮當成制服來穿著。這是什麼意思呢？

一個星期有七天，扣除週末的兩天暫且不要計算，有五天的時間要上班，妳可以事先搭配好五六套心中最喜歡也最合適的裝扮，然後將五套最滿意的打扮固定時間穿著，每週一穿的、每週二穿的、每週三穿的……都固定下來，這些搭配都是妳最喜歡最欣賞的，因此穿起來絕對不會有勉強感，還能夠享受到每天都容光煥發的感受。

固定穿著的好處太多了，除了可以省下許多每天挑選衣物的時間之外，頓時也突然像有了制服穿著那樣不再一直處於「缺少一件」的感受之中，更可以充份發揮每一套衣服的價值。

妳說這樣一來不是太無趣了嗎？這裏要重申的一點就是「職場並不是秀場」，首先要認清的事實是職場就是個工作的地方，如果妳的重點不是工作，不是穩定自己的收入，那麼妳大可忽視這一條目。

既然還是有那種想要秀新衣的想法，那麼就要認真地去思考自己可能永遠都存不到錢這件事。也不是說妳固定了穿著之後就顯得寒酸了。要知道好的搭配應當都是耐看的，每個月有幾天允許自己放鬆，也能為自己營造仍然有新鮮感的欲望。透過自己選擇的「制服」，還可以輕鬆區分上下班的氛圍，這也是一個非常重要的生活藝術呢！

遍觀男性上班族，除了一些工作有所需要的行業別會在衣服上特別變化之外，大部份的人平時就趨近於這樣的衣著方式，因此執行起來不會有太大的難度，這絕對是女性該向男性學習的地方。

為什麼在職場上多數的男性都顯得比較有投注力和專注力，這些瑣碎的環節正是一大因素。男性不需要多花時間來處理這些打扮的事，在時間上就略勝一籌，但是女性也不該為了工作而任由自己失去品味及美麗，因此多花一點時間調整「執行方式」是絕對必需的。

買衣服和鞋子？時機很重要

接下來要提到的是購買衣物的學問。很多人會說不

要到百貨公司或是專櫃去買衣服，那邊的衣服多半單價高，最省錢的方式就是到大型批發商店購買，或者什麼便宜就穿什麼。其實正好相反，大家還是可以到百貨公司或是專櫃購買衣服，但是最重要的時間點。

如果平時能夠節制，固定在喜歡的地方選擇特價時候才下手購物的話，絕對不會比平時亂買還要花得多喔！此外買衣也要適可而止，盡量選擇不具太過鮮明流行性的款式，免得流行指數一過，這些衣服就全部打入冷宮。

鞋子也是一樣。當季推出的款式一定都比前一季貴上許多價錢。不過因為流行是漸進的，假如能夠在該季末才出手買的話就既能兼顧流行也可以省下很多錢。

週年慶是百貨公司賺錢的重要祭典，東西自然也比較便宜，但是千萬不要為了湊足滿額禮的點數而勉強花費，記住，這些都不是那麼迫切需求的。

包包提袋十來個，沒有一個好用？

女性對於包包的執迷程度經常讓人咋舌，有的人會省

下一個月的薪水去買一個名牌包，然後事後再到處向人家借小錢。這是非常要不得的行為。

在這裏有一個想法的可以請大家思考。一個人的高貴究竟是由外在的裝扮體現出來、還是由他的談吐自然呈現？

如果今天有個人提了價格不斐的包包，但是他表現出來的種種行為舉止不僅沒有貴氣，而且還有些粗俗，那麼是這個包彰顯了這個人還是這個人貶低了這個包？

我時常在街頭看到這樣的女性，全身上下都是普通的衣物，但硬要提一個名牌包，這時別人並不會覺得你因為這個包包而高貴，反而會認為你的打扮整個不合宜。所以有人說：為了一個名牌包，你的整個人都要變了！

只要你的氣質合宜，舉止大方，平價的東西也會因你的品味而出色，不要浪費金錢做一個名牌奴，更不要讓人家嘲笑你的氣質只存在一個包包！

「家居」部門做出改變～

居的方面，除了租屋和購屋，或者和長輩
同住，對年輕人來說還有什麼好說的呢？
這裏要說的不是教你如何租屋或者購屋，
依然是要從日常居家的一些習慣說起。

居家生活如果有好習慣，可能不知不覺存下不少意外
的金錢呢！

用電習慣是基本態度

隨手關燈及關閉不用的電源就是一個很重要的習
慣。離開房間的時候記得隨手關掉沒有用到的電器及電
燈，冷氣或暖氣，小小的動作可以幫助你在生活中做到完
整的精簡。筆者曾經在家中孩子還小的時候因為麻煩，而
將家中小孩活動空間的電燈及冷氣經常性的開著，因為小
孩的活動力是十分驚人的，如果真的要隨著他的行動來開

關電源的話真的十分麻煩，等於五分鐘就得開或關一次某個房間。

　　後來也是因為意識到節約的重要性，決定認真、不怕麻煩地去做這樣的動作，雖然開關頻繁，但是將當年的電費量和沒有節約的前一年相比，真的省下了約10～20%，十分可觀。家中還有一些隱藏性的電源，如果處於待機狀態就還是會耗電，如果能夠將只是空待機著的電器用品關掉，無形中也可以省下一小筆金錢。

　　經常處於待機的電器很多，像是音響，甚至無線網路數據機、路由器等等，人不在家或是長時間不使用的時候就應該關掉，一方面省電，二方面也可以減少家中電磁波的危害。保溫熱水壺也是耗電量極大的一種電器，應該充份利用它的功能。

　　選擇比較安全可靠的廠牌，利用98、90、60度水溫的功能，平時使用60度調乳水溫既能喝到熱騰騰又放心入口的熱水，也能擁有真正的省電效率。熱水壺如果以滾沸或90度的方式持續保溫，它必須不斷加熱，所以耗電量十分驚人，必須注意。

誰說水費便宜就不必省？

家用水也是需要注意的一個細節。大家常說省水、省水，但是除了那些少用水、省水洗衣機等很普通的省水方式之外，有沒有什麼是特別又有效的呢？

婆婆媽媽最常使用的方法最簡單又初階的方法：洗米水用來澆花，洗菜水用來沖馬桶。洗米水中含有微量的維他命，用來澆花很有益處。至於洗菜水因為含有農藥，不適宜用來澆花，要二度利用的話只好用來沖馬桶。

有人說：我是單身、我是上班族，我不開伙，所以我沒有洗米水和洗菜水啊！那麼恭喜你，你浪費的家用水應當是比一個三人以上的家庭要少得多。但是不表示你就沒有可以節約或二次利用的水囉！

除濕機中的廢水就可以用來沖馬桶或是沖洗臉洗臉盆。冬季洗澡時在等待瓦斯熱水時流掉的冷水可以先用桶子儲存起來，用來做浴後的浴室清潔用水等等。剛才提到的洗衣機也是省水的關鍵。現在許多洗衣機號稱具有省水的功能，但是因為效果無法印證，所以也只是徒慰心安

而已。最根本的做法就是依據衣服的數量注入正確的水量。有的人儘管只洗三四件衣服也照樣用滿滿的水位，非常不節約，在節能減碳的立場上，滿水位不僅消耗過多的水，也耗用較多的電力。

如果只是因為擔心洗不乾淨而非得要用滿水位，這也是有替代方案的。在將衣物丟進洗衣機讓機器自動幫你處理之前，簡單地將衣物先用洗衣皂刷洗一下，然後再放入洗衣機中，不僅可以減少洗衣劑的用量，也可以確保衣服乾淨，而不是僅只洗味道而已。

燈泡的問題：T5省電燈管的效能

賣場的燈泡選擇五花八門，每家都標榜自家的產品只有幾瓦特，壽命有多長，但是說到燈具，其實要比較的應該是發光效率、光衰、發散性等比較值，而不是耗電量、壽命、點滅次數等絕對值。

在這裡告訴大家一種發光效能極優的一種燈具，那就是T5省電燈管，它不僅結合傳統日光燈光管的高壽命、高發散性優點，更改善了燈管閃爍、不耐點滅等缺點，如

果能再加上反光片那就更是如虎添翼了，所以如果家中的安裝空間許可，那就使用T5省電燈管吧。

在家中裝置省電燈炮已經是基本的節約概念了，有些人不曾考慮家中光源的問題，只用自己的喜好隨意裝設照明設備，結果燈泡耗電，更換不易，都是生活上可以避免的麻煩。

LED燈是現在很現潮流的照明選擇，但是在燈泡使用上，LED燈泡單價很高，如果家中有裝璜的人會發現，一間房間所有燈泡汰換下來竟然有五六個之多！所以非得要裝設LED燈泡的話可以說是所費不眥。

T5的省電燈管雨燈泡，就是LED燈外另一種更佳的省電選擇。它的發光效能好，單價親民，也容易買到。照明設備不用高檔，照得明亮、照得輕鬆就是最佳選擇。

冷氣＋電風扇，輕鬆又涼爽！

台灣的夏天時候太過燥熱，要忍住完全不開冷氣確實很不簡單，但其實大家常說的省電撇步是很有效的，像是

將冷氣的溫度調為27度再輔以電扇，體感溫度就可以非常舒適。如果是晚上入睡非得開冷氣的話，28度再輔以電扇就是舒眠模式。還有就是白天在開冷氣的時候，記得有窗戶的地方要以窗簾遮陽，沒有人走動的空間要關閉起來隔絕熱氣，以節省冷氣的發揮效能。

身心健康就是財富

現代人就醫雖然有健保給付，除了診所之外，某些教學醫院及大醫院的掛號費還是高得令人不敢置信，這也難怪有人有「年老來要存一筆錢看病」的說法。

既然就醫這麼花錢，最根本的方法就是「不要生病」！這當然是一種理想境界，但是我認為人人都該以此為目標，畢竟生病、看醫生這些過程人人都遭遇過，身體受折磨之際連荷包也要大失血，任何人對於這種情形都是感到不愉快的。

只要多用一點心思，多運動、多在意一些健康資訊，相信病痛也就不會太常來找你，身體健康就是為自己的寫意人生做儲蓄，當然也是為自己守財囉！

「交通」部門做出改變～

在世界各個繁忙的城市中生活都不外乎有
一個共通點，那就是：「交通」是高昂的
花費。每天都會花用的交通費可以說是上
班族的省錢後援條件。

‥‥‥‥‥‥‥‥‥‥‥‥‥‥‥‥‥‥‥‥‥‥‥‥‥

　　開車有開車方便。但總體算來卻還有汽車保險費、牌
照稅、油錢、停車費等等問題，另外還有昂貴的保養維修
費。你省下的也許是時間，但付出的代價也不低喔！

方便又省錢的通勤方式要固定下來

　　開車騎車的話不管是油錢、保養費都頗為龐大，如果
搭乘大眾運輸工具的話雖然可以省下油錢，但是捷運或公
車的組合有時候來來回回也不太划算，因此和辦公室穿衣
一樣，要將一些經常性既有行程以方便又便宜的方式固定

下來。只要省卻了躊躇或是趕時間的麻煩，也會同樣的省
下金錢。

　　舉個例子來說：
　　王小姐平時都是搭乘捷運到公司，但是因為經常早上
想要做的事情太多，想要悠閒打點衣著、享受早餐，結果
反而延誤了時間，所以只好趕搭計程車上班……。李先生
平時搭乘公車上班，但是因為前一晚總是熬夜，讓自己不
小心睡過頭，所以也只能搭上計程車趕去上班……。

　　不要以為這種情形畢竟少見，據調查台北竟然有不
少這樣的族群呢！如果要以在生活中省錢的前提來看的
話，搭乘計程車上班是非常不應該的事，而搭捷運看似省
錢，但有時候依路程來說，這隱性的零錢花費也是積少成
多、數目驚人的。

作息正常，不再意外破財！

　　最省錢的辦法自然還是搭乘公車，既能省卻在捷運站
內走動的時間，費用也少得多。不過公車必須將等待的時
間一併考慮進去，因此想要省錢，生活作息正常、早一點

起床是必要的事。就算不是搭乘公車，搭乘捷運或是自己開車，早一點起床做準備也是省錢的保險手法，這樣可以避免發生許多不必要的狀況，讓美好的早晨在自己的掌控中進行，也就不會有意外的花費。

這裏也就牽涉到前面衣著的方面，如果早晨能有好的規律，在衣著方面也不必太花時間，那麼就一定不會經常發生遲到而需要改變為較花錢的交通方式了。想要省錢的朋友們一般是不建議開車上班，因為油錢的花費真的很高，但是也有一些人的狀況是非開不可，那麼在路線上就一定要充份規劃。

油比開水貴！走得到的距離絕不開車

這邊順便要提到一種最糟糕的習慣，「就算在家附近繞一繞的距離也要開車」絕對是一種惡習。開車出門一定需要停車，如果不是停在免費停車的地點，這中間就牽涉到停車費的問題，何必多花這一筆費用呢？

有的人非常依賴車子，就算只是到轉角的便利商店、附近的洗衣店……等也都一定要開車。這種惡習是將

錢快速花用在無形中的最佳實例，想要省錢的朋友們一定
要改正。在家附近的距離，改騎腳踏車，或者走走路更是
有益健康，開車兜一圈的油錢也許足夠你吃上一兩餐！

開車也在省！想不到踩油門也有技巧

　　如果開車是你唯一的交通選擇，那在現在油價飆
漲、在油源終有耗竭的前提下，管好自己的右腳，是你非
練不可的一項功夫。開車的行為如果要細究的話那真是五
花八門，每一個人的習慣都不一樣。但是在這裏面，你的
每一個習慣竟然也牽涉到省錢這個問題呢！

　　等紅燈等了九十幾秒，好不容易終於綠燈了，你是不
是就這樣猛踩油門給它衝將出去呢？這可是很耗費汽油的
喔！根據一些專家表示，車子暫停等待紅燈，直到綠燈時
別急著猛踩油門，記得油門要先放開，讓車子進行滑行大
約三秒的時間再踩油門，這樣可以有效的節省汽油喔！

　　在馬路上對於汽油最是計較的運匠大哥們表示，用這
種方法來仔細開車，竟然一個月可以省下15%的油費。是
不是太神奇了呢！

像這樣的開車小撇步是省錢一族要認真學習的生活學問喔！

混合交通方式也是一種絕招

　　有些地方光靠公車及捷運是到不了，開車的話因為停車及塞車問題又不太方便，那麼建議有規劃的人也可以進行混合交通的方式。

　　所謂混合交通的方式就是公車轉捷運或是捷運轉公車，更甚者還有像是台北市及新北市都推出的自行車租用服務，利用各種不同的交通工具讓自己的行程不浪費任何一分錢，長期下來也可以省出一筆額外的私房錢喔！

M型富人小秘訣

　　找出自己方便又省錢的通勤方式，並且隔一段時間再檢討有無更好的方法。

「娛樂」部門做出改變～

如果你問一個年輕人，什麼地方讓他們覺得錢用得最快？答案一定是娛樂費用。畢竟社會網越緊密，人際互動越複雜，所需要的各種交流及各種體驗更是不可或缺。

如果一個人不看電影、不看電視、不參加活動、不注意潮流、不在乎充實自己、不願意禮尚往來……，那根本就是現代原始人了。既然娛樂是新一代人類的消費大宗，那麼這個部門該要執行的任務就可能更加有舉足輕重的意味了。

智慧型手機要用得智慧，不是浪費

有一種開銷是現代人擁有的特殊消費，那就是網路及手機通話費。自從智慧型手機攻佔市場之後，這種幾乎擁有一切功能的小機器幾乎是人手一支，有的人甚至離開它

就無法生活。其實認真想一想，以前的人沒有手機，為什麼所有的事情依然能夠井井有條？這個世界為什麼依舊能夠順暢地運轉？

也許以前的人沒能享受這麼多方便新奇，但是因為技術條件的先天限制，反而讓人們能夠充份運用時間，妥善規劃，完整達成許多我們現在每天都依賴著網路才能夠辦到的事。而我們現在享受的便利，也讓我們在金錢上要多付出一些代價。

手機通訊費和3G網路通訊費佔了每個人每月的一部份支出。不過生活真的不必要趕流行，你真的無時無刻都連上網路嗎？你真的需要利用手機才能夠說完所有你該溝通的事情嗎？

這也是一種浪費。浪費金錢，也浪費時間。

目前國內通訊及網路費用有許多種費率方案，如果不是經常性在外奔波的人，一般上班族其實根本不必用到高費率的方案，可以將通話費及網路費用調整到最低的限度，然後再從中取得最大的便利性。

　　方案費用調低之後，建議每個人認真檢視自己的生活，如果你的手機通話費總是比別人高，那麼表示你的生活習慣可能不夠妥當，譬如該交待的事總是沒辦法一次交待完、該表達的意思總是沒有辦法一次到位、該聯絡的事總是拖拖拉拉沒有辦法立刻解決、該辦到的事總是沒辦法盡快處理……以致於後續要在離開現場之後才能拉拉雜雜地一件一件想到。這都是做事無法正確又精簡的緣故。

　　我們可以觀察一些成功人士，他們使用手機及網路絕對不是依賴者或是沉迷者，智慧型手機及電腦網路只不過是一種工具而已，他們能將利用這件工具做其它更值得投入時間的事，而不是一直在花時間與工具相處。根本的觀念能夠改正，你就會發現你不需要一天到晚使用網路，更不需要一天到晚拿起手機講著電話。

閱讀的快樂不一定要用錢買

　　常常有老一輩的人在感嘆：現代的孩子年輕人都不愛看書嗎？其實現代年輕人當然也愛看書，只不過資訊的來源太過多樣化，所以相形之下閱讀紙本書籍的時間就變少了。但是有一個有趣的現象倒是不容忽視，那就是這些年

輕人一旦要購書的時候比起前一個世代更加毫不手軟，不論什麼類型的書籍都願意不眨眼的買下，只為了收藏或者喜歡。

買書閱讀是一件好事，從而還可以刺激日益沒落的出版業。但是對於想要在生活中省錢的人來說，買書絕不能是這樣毫不可慮的入手，尤其有一些書像是電影電視小說、偶像追星這類的書都是很快被汰換的類型，正當配合著媒體推出一起強力促銷時價格一定不低，這種書本就不建議入手。

特別是它會跟隨著熱潮，一旦熱潮過去，這些書即被放在牆角，再也不會有機會拿起來翻看了。這就是一種盲目的消費。想要享受閱讀的樂趣有許多方法，譬如圖書館配合著網路建置功能，可以預約也可以續借，相當方便，借閱得到的樂趣並不會比買回家的擁有感還要低。

如果不是急著看的書，也可以在網路書店中比價看看再決定是否購買。網路書店一般都有現金回饋或者贈送點數，不急著看的書，一起購買絕對比在書店同時購入還要省錢。

交際應酬要減少：
交際的是哪些人？應酬的是哪些事？

上班族不可缺少的就是交際應酬種種場合了。但是為什麼有的人整天都在外面進行所謂的交際應酬呢？他真的需要這些應酬嗎？

在職場多年的經驗，我們可以觀察到種種特定的人物類型。有的人看似人緣極好，一天到晚與朋友出去吃飯，也常常顯得週圍很熱鬧，但是這種人實際上能夠交心的朋友卻不多。

因為這類型的人只是因為不甘寂寞，因此只要哪裏有熱鬧的聚會，一邀約就會參加，一參加之後就會有後續的消費行為，包括餐費、車費、禮物……，也許還有「續攤」費，這些費用都是非常可觀的。

因此如果很不巧的，你正是這種人，那麼奉勸你最好重新調整自己的生活態度，長此以往下去，不僅錢存不了、無法省錢，真正值得交友的人物也會離你而去，那麼接下來的三五年，你就得永遠過著這樣處處應酬，卻找不

到人好好談話的生活了。「不甘寂寞」就是有些人無法存錢的大忌。

有許多事並不需要都去踩一腳，熱鬧歡騰過後又是一場空白的自省，收回的那一腳讓你省下了時間和金錢。

刷卡現金回饋，有回饋到嗎？

信用卡公司為了要吸引消費者進行消費，各種奇招都能變化，最常見的就是刷卡現金回饋，不明究理的人會因為看到有些許的回收，而誤以為自己這是在做一件非常划算的事。

然而如果你有機會的話一定要仔細計算一次，花了許多的錢得到的現金回饋根本是微不足道，所以說信用卡是儲蓄殺手真是一點也不為過的。

聰明的消費者絕對不可以相信現金回餽及紅利點數，你換到的現金和點數，相對於你花費的價值是不能成正比的，最理想的辦法還是前面提過的，只買自己需要的東西，絕不為小利而浪費金錢。

出國旅遊要節制，便宜都是假象

現在航空業界吹起了一股廉價航空的熱潮，使得許多人都有錯覺：出國玩非常便宜。

或許有些朋友認真精算過，現今航空公司縮減了機上的服務及餐點以調降機票價格，但是機票本身的稅金並沒有調降。

再說，出國玩所要花費的部份並不只是機票錢而已，還有國外的住宿費、餐食費、門票費、交通費，更重要的是還有在當地忍不住買的一些紀念品等週邊費用。

如果因為機票便宜而經常性的出國，在這些週邊花費上是無形地增加。

這就是「多玩多花錢」的道理，廉價機票只是引誘人們出國再來進行消費，這些都是利用人們貪小便宜的心態，如果能夠將遊玩也認真地納入規劃，而不是為了玩而玩，那麼你就不會在這一方面不知不覺地流失掉原本可以好好儲蓄的錢。

「生涯規劃」 部門做出改變～

及早做出「生涯規劃」也是在為你的人生
儲蓄一筆資金。

∙∙∙

這裏說的資金未必是看不到的資產，即便是看得到的金錢也可以經由你的及早理解生涯計劃而浮現出來。

先苦又甘才是美好的滋味

年輕人不肯吃苦，找工作的時候只想找「錢多、事少、離家近」的工作，無形中就將你人生中最初的挑戰階段浪費在無意義的安逸享樂之上。

如果眼光不放遠一些，看看自己的未來能有什麼轉彎的機會，一條路很容易就會走死，當一條路走死的時候你能拿什麼籌碼來改變？

　　如果你初入職場就以踏實的態度學習，養成生活上所有節約的好習慣，那麼你在進行未來的夢想執行時一定也能按部就班 −這裏強調的依然是習慣的重要性——最終嘗到美好的甘甜滋味。

　　金錢就如同一個雪球。在它還小的時候你將它隨意的扔擲，它可能會四散碎裂，但是如果你能順著軌道，依著看好的道路前進，它就能夠越滾越大，並且也不至於偏離太多。

夢想也要有精確性，堅持很重要

　　要在節約的狀況下努力描繪夢想的藍圖或許並不容易，但是如果你能認真檢視自己，你的夢想就不會是模糊的圖像，而會是非常具有精確性的標的。

　　有了實實在在的目標，堅持很重要，你的節約省錢計劃都是為了這個目標而執行，兩年三年或許看不到效果，但是到了有一天或許時機成熟，你想創業、你想改變、你想投資更美好的自己，你有錢，或者說你沒有太多後顧之憂，這時你離夢想的距離就比別人要短。

有些人三兩年看不到成果，又因為小錢而綁手綁腳，在這種情形之下很快就會對現實屈服，不僅花錢的習慣會越演越烈，缺錢的匱乏感更會加重。你的夢想呢？只能跟它說聲拜拜～

培養嗜好，享受樂趣；
興趣不是用金錢可以買來的

我們經常鼓勵孩子要培養才藝或興趣，但是對於一些成年人我們卻忘了提醒他們這一點。嗜好是非常重要的，它能讓你在低潮的時刻不以金錢為紓壓工具，它也能讓你在一成不變的生活中肯定自己。

許多人過著庸庸碌碌的生活，不曾細想有一天如果自己失去了現有的條件，有沒有哪件事仍是你可以娛樂自己的？因此嗜好不該是奢侈的，越簡單的嗜好樂趣越能讓你容易得到自我肯定。

你不能說騎重型機車是我的興趣、收集高價公仔是我的興趣，這些興趣雖然很炫目，但是一旦你沒有了現在的經濟條件，它還會是你的興趣嗎？

　　好的興趣，諸如運動跑步、種花拾草、閱讀寫作、手作改造……都能打發掉許多陰霾的人生時刻，更可以不論高潮起伏而持續一輩子，不需要太多金錢就能買到充實的快樂。

為人付出，以愛與行動代替物質的交流

　　有時候為了促成別人對我們的好感，我們傾向以物質來達到目的，譬如疏離的親子關係，卻以為送一些奢侈的禮物給老父老母就能彌補；夫妻之間缺乏溝通，卻用送東西來遮掩心中的愧疚……。

　　其實有一種心意是再多的錢也比不上的。親自為另一半做一份早餐、打一通電話真心的問候父母、對朋友給予適時的鼓勵、誠心的謝謝……，這些豈是需要多花費你一分錢的？和昂貴的禮品比起來，你的付出充滿了溫度，足以讓人暖一個寒冬。

　　更甚者，投入環保或是慈善計劃，以實際行動去體驗助人的樂趣，在這些過程中，你會發現付出「愛」比付出「錢」還要容易大方，而且得到的收穫能成為下一次付出

的能量，越來越豐盈，不像金錢越來越匱乏呀！綜合以上篇章，「習慣」仍舊是你是否能夠省錢的最大關鍵。比起一起讓自己動彈不得的小氣節約法，最要緊的還是從根本的生活習慣去改變。

如果你發現自己處於管理金錢、省錢節約的弱勢處境，不要憂心，這反而正是改變人生的契機。有人說：「條件越不利，修正的幅度就越大，得到得成果就越驚人」。這是有道理的。如果你正好為省錢一事而弄得一團混亂、不知該如何著手，那麼只要一旦認真去執行，就會比別人更容易看得到成果。

將管理自己當成是一個事業，用一定可以做到的方式看待自己的生活，不僅從管理金錢中得到掌控人生的成就感，也能得到許多轉彎思考的小智慧。

做好準備了嗎？你這位CEO已經下達命令，所有的部門一起動起來吧！

Chapter 4
M型富人
如何從職場勝出

以正確的態度，面對職場上的是是非非，專心於自己的崗位，最後勝出的一定是你。

職場最想知道的事

我們無法擁有最好的命格，但是洞悉職場
厚黑學能讓自己活學妙用，所有的一切只
因在機會來臨時勇於開創。

....

在撰寫這本書的同時，觀察了書局中所有關於職場上
的書，有倫理篇、哲學篇、理論篇、心計篇、應用篇、勵
志篇、命理篇、面相篇等、甚至還有漫畫版改編而成的職
場書。

於是我開始想著該如何用自己在職場上工作20年的經
驗及觀察，以實戰的創作方式撰寫一本屬於大家的職場企
劃書，其實道理人人都懂，關鍵如何在職場上實際使用技
巧及應用，重新學習及自我領悟的方法。

職場上的故事和案例相當的多，每個人都有一套在職
場上生存的自我法則，然而同樣的際遇，因為所遇到的人

不同，處理的方法不同，面對的態度不同，造就的人生也就大不相同，有人說職場是生死鬥、是場戰役，名利與地位角逐的是非之地，非得爭個你死我活才肯善罷甘休。

有人說只是為了五斗米而折腰在職場上生活著，每天戴著面具上班像個遊魂沒有目標，有時明知道它就是場鬥爭，我們還是無法避免在職場上工作，只能努力學盡各個人生百態的應對術。

想要在人生的旅途上卡位成功並不難，難的是在適當時機有沒有決策的動力與改變的毅力，在職場攻略首要攻的心是自己、防的是進退與取捨。

如果改變不了環境，就需要改變自己，改變不了事實，就改變心態，如果做事的方式不變、心態不變、思維不變、那麼就算換了上千種工作、遇到了十個貴人，永遠不變的還是自己。

在「職場求生學」裡，不是教您怎麼打敗職場對手，而是讓您快速了解自己適應生存之道，提升自己創造能力不被取代的可能。

適當地在同事、客戶、主管、老闆面前表現出自己的能力，適時地提醒自己的錯誤，在職場裡修煉正面能量，多些助益，少些無力。

　　不論您在職場上使用的策略是哪一種，絕對有關於自己的能力、態度、技巧與方法，在進入職場裡我們得先了解職場裡應該修的基本學分。

　　認清自己合適職場的方向，確認自己能力的需求，提升自己的前景，創造機會的到來，絕對好過盲目地跟隨錯誤記取教訓來的好，職場裡沒有永遠的常勝軍，只有勇於挑戰不斷超越自己的戰士才不會輕易被人擊敗。

　　是什麼樣的人性，造就了人與人之間的紛爭，本章以自身改變的策略、洞悉人世冷暖，以職場上的小故事編寫出不同的實用範例，在這裡沒有高談闊論的大道理，沒有事事成功致勝的空談理論，除了針對職場上所要學習的課題外。

　　在三分天注定，七分靠打拼的命運輪轉裡勇於開創，也能充分準備好自己隨時出擊的效果，希望能為各位

讀者開啟不同的智慧處事，在不同的階段設定不同的目標，一步一腳印、真真切切、踏踏實實地走出自己的職場天地。

M型富人小秘訣

> 如果眼光不放遠一些，看看自己的未來能有什麼轉彎的機會，一條路很容易就會走到死角。

從嘗試到精通

不要自我設限工作範圍，多試著了解自
己，了解工作內容，多方嚐試學著適應尋
找出適合自己的工作。

....

剛入社會的那年，我不知道自己能做什麼工作？適合
自己的工作在哪裡。看著人力銀行上九大職能星的職能測
驗，怎麼測出來會是個不規則型呢？

「根本不準嘛！！」小美低頭呢喃著，腦中一片迷茫
完全不知道自己未來的方向在哪裡？想著學商的自己唸
到了大學畢業還沒有任何的工作經驗，沒存款，負債學
貸，到底是該選擇與自己興趣相符的工作？還是選擇適合
自己的工作呢？

一邊編輯著人力銀的工作履歷表時，小美將特殊隱
藏設定勾選了幾家與自己興趣不相符的產業工作，「我

對這種行業工作沒興趣。」年輕氣盛的小美渾身上下充滿著理想與抱負，覺得自己大學畢業應該可以找到更好的工作，「＊＊經銷商誠徵會計助理，女，需有經驗………」在東挑西選之後，總算讓她看到了一間「有興趣的工作」，馬上擬定了一份履歷，寄了過去。

隔兩天吧？！就接到公司經理打來的電話，他用很官腔的口氣跟小美說：「您好，請問您有會計經驗嗎？……」，「對不起，我沒有會計經驗，可是我是商科會計系畢業的，對會計很有興趣，請您給我一次機會。」

就在這位經理沉默不語了一會兒後，小美心裡想，應該不可能錄取了吧，算了吧，當正想要放棄的同時，說來也奇怪，那間經銷商公司的經理竟然就答應了。「好吧，那請妳明天早上九點到公司面試吧！」小美興奮地趕緊道謝，沒想到讓她遇到了一次好機會，準備整裝出發應徵最重要的一天！

面試當天，是此位經理與小美面試的，他看起來很忙，大概看了一下小美的履歷後很客氣面帶微笑的說：

「前三個月是試用期，工作是以工讀生的時薪計酬，假如沒有度過試用期那就得自動離職。」

一開始小美有點呆住了，經理看了一下問小美：覺得如何？「好的，我願意試試，謝謝您給我機會！」小美和經理點點頭，確實如果不答應有可能就喪失了這次的工作機會，為了給自己與公司一個磨合的機會，如果做不適合再換就好了。

剛上班的第一天，薪水每小時是70元，在工作的前三個月裡，小美卻完完全全沒有學到會計的工作內容；去買便當吧、買飲料、跑郵局、跑銀行、洗廁所、拖地、打掃等……我到底是來做什麼的啊？！小美越想越不對，覺得自己就像個打雜小妹，沒有給自己適應的時間就發覺自己不適任，便不想再做下去。

有一天中午，小美來到了經理辦公室，「扣扣扣」的聲響時，拿了份離職單往經理桌上一擺，「不好意思，我不適應這個工作，做到這個星期。」經理詢問了一下小美：「為什麼呢？」吱吱嗚嗚的小美隨口回應了經理：「沒有，就…不習慣！！」公司經理不意外，因為小美不

是第一位像她在未通過試用期就提出辭呈的人，並也答應了她的請求。

過了三個星期後，在小美的e-mail收到這封信件，○○○人力銀行通知您，○○公司已經看過您的履歷並對您的資歷感到很有興趣，希望您能抽空到公司來進行面談，若您對我們的工作機會有興趣，請盡快與我們連絡，及確定面談日期，謝謝！「奇怪！！我不是設定了對這種產業特殊隱藏了嗎？怎麼還會收到通知呢？」

一般常見的社會新鮮人，在沒有任何經歷下，常常在進入公司之後，一個屁股都還沒有坐熱，那家公司沒興趣做，這家公司做不習慣，以至於常常公司一間間的換，浪費了自己和公司許多時間與心力。

曾經聽過這樣一個職場故事，某天一位公司的生產部經理聊起：

生產部經理：現在真的是甚麼人都有！

我：怎麼這麼說呢？

生產部經理：今天有一位才來三天工作生產線的作業員離職，你知道他的離職原因是什麼嗎？

我：什麼？做不習慣嗎？

生產部經理：不是，因為不能帶水進去生產線工作區喝。

我：在生產線工作區帶水進去喝不太好吧？！喔~~貴公司虧待員工喔，沒有休息時間可以喝水嗎？

生產部經理：怎麼會呢！有休息時間，只是他說不能接受，來辦理離職時還要求我付他三天的薪資。

我：那最後有支付他嗎？

生產部經理：當然沒有了，我還幫他投保了勞健保，他還有附帶眷屬，照算下來他還得貼我錢！

企業有職場的管理法則，員工有工作的生存法則，有人說：「眉角不同，不相為謀。」事實上要找到一間公司與自己個性完全相符合的工作其實是不太可能的，很多人在找尋工作的時候，常常忘了檢視自己的職涯規劃，對職務上的了解程度不夠，目標沒有方向，對自己的未來充滿了茫然，那全然是因為對自己、對公司了解不夠透徹的原因所致。

假如您是職場菜鳥，工作是需要「嚐試」出來的，如果能遇到願意讓您「嚐試」工作經驗的公司，我能說您

應該是要覺得幸運的並且學習感恩，如果您不願意「嘗試」又該如何知道此份工作是否適合您？如果您不願意「適應」工作又該如何萬丈高樓平地起？

　　沒有人一開始在職場上就是大師級的老鳥，很多人都是一步步累積經歷及經驗爬起，在進入職場前除了應當適時的了解自己的個性、興趣、目標及方向外，適應工作也是重要的關鍵之一，在您挑公司、挑同事、挑主管、挑前景的同時，相同的公司也是在挑選您的學經歷及工作態度。

　　每一間公司或多或少都會有令人不滿或有類似的詬病，不管您今天到了哪一間公司工作，心態上的調整很重要，您大可以說「本大爺或老娘不幹了！」，公司相對的也有「有錢怕請不到人嗎？」的想法。

　　在職場上就是如此，如果您適應不了，太陽依舊會從東邊升起，而人性亦是如此，「這家公司真是爛透了！」大部份的人並不會檢視自己的工作能力及態度是否正確，在各說各話的職場然而不論是我們還是公司都有自己的角度與立場並存著。

職場的策略中，必須要有一番作為看到成績，公司才會器重您，您才能得到您想要的職場天地，不論是伯樂還是千里馬都需要相輔相成，這是千古不變的道理。

　　不管是自己想要主動挑選伯樂，還是要讓伯樂尋找您，最難得的是當機會來臨時，並且在您準備好自己之後上場，只要您準備好了自己，就全力以赴地為自己的夢想而奮鬥，至少您還能告訴自己：我努力逼自己一把過！

　　每一個階段都有不同的目標，就像您高中畢業希望能報考理想大學，入社會之後希望能學習工作經歷及經驗，有了基礎之後希望能更專精，成為大師時，就能多方涉略跨足各項才能。

　　即使世界上有從天而降的幸運，但是卻沒有不勞而獲的收穫，如果您想要擁有真本事，就要擁有好心態，相信自己是個可用之才，相信有志者事竟成，相信不管有多大的困難凡事都有解，把自信化成勇氣變成您不可缺少的一部分，在時機來臨時才能勇於開創自己的成功。

和同事聊出好交情

> 很多人覺得同事難相處，其實是互相了解
> 不夠，在平日多和同事聊出好交情，讓你
> 在職場無往不利。

　　今天早上的會議，總經理站在台前宣布特別助理小A
報到，由於剛畢業不久，第一次參加會議時，抱著新人
「安靜聽」就好的心態。

　　自從她來到了這間公司後，辦公室裡時常傳來嘰嘰喳
喳的說話聲，尤其每次當她走在總經理的身後時，一群人
的眼神也會跟著轉過去，有人開始說話：「新來的特別
助理耶，是空降部隊嗎？還是皇親國戚？該不會是小三
吧？」冷哼的一聲。

　　有人答：「誰知道呢！人家是咬著金湯匙出生，哪像
我們是咬著牙籤出世？」有人調侃：「所謂「特助」的工

作，就是會特別無助，有什麼了不起呢？」剛進公司不到一個星期的小A，都還沒跟同事們好好的熟悉交情，就無故惹人白眼了。

到了中午休息吃飯時間，大家在員工餐廳圍著餐桌開話家常，這時小A端著飯盒走了進來，想趁機與大家好好認識一下，「大家好，請問是在這邊用餐嗎？」沒有得到其他同事的回應。

小揚點點頭：「是阿是阿，是在這邊用餐的。」看著美女當前正想要藉機聊聊，然後大家一雙大眼睛看著小揚的舉動眨呀眨，瞬間沉默了起來，唯獨小揚，對於新進人員，總是以熱誠的態度來對待他們，希望同事間能夠互相照顧和關愛，小揚沒有避諱地立刻問道：「剛來公司還習慣嗎？」小A微笑回應說：「還可以，一切都還不熟悉，往後希望大家多多指教！」

在職場裡，大部分的時候，我們和大多數的同事都相安無事，有些人會對新進人員表示歡迎，有些人只會在口頭上客氣兩句，可是總會有那一兩個人會讓我們度日如年，自從進了現在這家公司後，小A就一直被兩個女同事

孤立。每天上下班，小A都會和她們打招呼，而她們總是面無表情，裝作沒看見。

平時她們也不會和小A講話，有時小A想湊過去和她們一起聊天，結果她們卻馬上閉上嘴巴，各自做各的事情去了。小A不明白，想著自己才進公司沒多久，應該沒有得罪到別人吧？！但是為什麼女同事對她的反應是如此的冷淡呢？

終於有一天，小A與那兩位女同事被叫進去總經理辦公室了，女同事們向總經理投訴：「我們都很樂意的教她，但是她總是無法吸收，老是問重複的問題，真是很難教！」一臉錯愕的小A不知道該怎麼回應總經理，只見她頭低低的眼淚都快掉下來了；而實際上，小A相同的問題並有沒有問超過三次，就已經引來女同事們的不悅了，結果沒等來總經理的回覆，那兩位女同事卻換來了總經理一頓劈頭蓋臉。

其實這兩位女同事是因為忌妒才孤立小A，在這種環境下工作，小A的鬱悶是可想而知，但她又不想因為同事關係不和就犧牲了工作，接二連三下來的日子還真讓小A

不好過，開始有越來越多做不完的工作，一看到小A有所表現，就喜歡在旁邊潑冷水，不然就是被臭臉相待，女同事在情緒上的發飆更是無數次，小A不知道自己該怎麼辦，到底要怎樣才能讓女同事們不要這樣對待她呢？

相信大家都有碰到令人頭痛、難相處同事的經驗，他們的行徑讓許多人在職場上紛紛湧上離職的念頭，連帶的也讓其他的同事們產生士氣低迷的氛圍。

我曾經也遇過相同類似的經驗，尤其比較常見的情況大部分都是來自於剛入職場的時候，我才真正理解到，人性中確實是如此，在越不熟悉的狀況下，職場中被找麻煩的機率越大，同事也就越不好相處。

印象比較深刻的是，在上班第一天我很客氣地請教了她，如果有不懂的地方是否可以詢問，而她當然也以資深老鳥的姿態回答著：「當然可以。」

可是在上班第二天、第三天、第四天後完完全全變了個樣，她開始出現情緒上的失控，每當我想請教問題的時候，便挨來一記怒罵，久而久之我便不敢在提問，如果真

遇到了不會的問題，就改換去請教別的同事或者只能自己默默尋找出方法解答。

我開始觀察著，也曾經檢討是否是自己本身的錯誤而促使她情緒上的不穩定，還是哪裡做錯了什麼，後來我發現，原來她對待其他的同事也會有相同的情形，以至於常常在職場上日日上演著爭吵衝突。

他們常為一點小事就掀開沸騰的情緒，對旁邊的人大吼大叫，或是甩門摔電話，宣洩自己抓狂的情緒，如果你得罪了她們，包準吃不完兜著走，不但會被報復，還可能被排擠，甚至挑弄是非，扛幫生事。

於是我開始改變自己的說話態度及與人相處上的方法，從本質去瞭解有效的話術，能幫助你在職場上提升人際關係。在職場上我運用了「禮貌哲學」，之所以取這個名字是因為下列幾個理由：

（1）它具有緩和「情緒EQ」及「印象加分」的特質。
（2）它可以試圖避開沒有道理且不負責任的謾罵。

（3）表達出來的語言會使聲音和氣息都比較柔和輕
巧。

（4）與同事間能保持適當的距離，避免節外生枝。

　　之後，當同事有情緒上的失控與人發生衝突不愉快
時，我都會禮貌地說：「對不起，我想去一下洗手間
（或者我有事先離開一下），有空我們再談。」對方通常
都會允許這樣的請退，因為沒有人能攔阻你上廁所。

　　再請教同事問題時，我都會先這樣詢問：「不好意
思，請問現在忙嗎？方便聊聊嗎？」「抱歉，麻煩您有空
幫我處理好嗎？」「對不起，耽誤到您的時間，謝謝您的
幫忙。」

　　遇到怨天尤人不斷抱怨的同事，就會順著她的毛摸
著，然後站在她的立場很實際的問她：「那現在怎麼
辦？有沒有其他方式可以解決？」如果遇到比較沒有交
情的同事，就盡量避開她們的話題，找事情忙碌或者外
出，盡量減少是非『禍從口出』，少說微妙。

　　在職場裡我們無法控制他人如何對待我們，但是可

以改變自己對待他人的方式，很多人在職場EQ及情緒管理上的問題往往是出現在「態度口氣」與「溝通能力」上，最後試驗了多次的經驗，有了下列心得：

1. 找話題培養感情：在平日以幽默風趣自我調侃的方式和同事們閒話家常，可以有助於打破僵局。

2. 心態上：尊重他人立場發言及同理心的角度去思考對方的立場，客觀地理解當事人的 感受和情緒，互相幫助達到和平共處。

3. 表達上：以理性引導針對事情探討的方式，同時讓對方了解並非是針對個人因素所探討的議題。

4. 個性上：不張揚自己的能力，低調謙和的態度，隱惡而揚善他人的善行，能有效幫助在職場上創造好人緣。

5. 口氣態度上：適當的說出「請」、「謝謝」、「對不起」，有助於緩和彼此在職場上工作壓力緊張的情緒及氣氛，溝通會無往不利。

可見，要想在職場中和同事聊出好交情贏得好人緣，就要在平日處理好人際關係，才能讓您到處受到歡迎，使您辦什麼事都心想事成。

　　您必須知道人性中就是那麼矛盾，不論你換了幾家公司，職場上就是有讓您不順遂的人事物，每個人都渴望被尊重、被關心、被愛護、想要在職場上贏的好的人際關係，就必須先讓對方擁有自我肯定的價值，這樣才容易創造出良好的通行證，容易邁向成功。

 想一想

　　面對難相處的同事，我們該如何在職場上求生存？

運用技巧整理術

在職場卡位晉升，決定於您的工作技巧！

‧‧‧

　　小薇與采緹畢業於某私立大學企管系，同時進入一家中型企業，擔任產品企劃專員的工作，每次只要主管交代的事情，小薇沒有一次拒絕或說NO。

　　在主管的印象裡，不管有多少工作，即使忙得焦頭爛額，小薇仍然會承接所有工作事務，給人一種非常負責任很好的印象，采緹呢？每天輕鬆自在的工作，不管外在的世界如何變化每天來上班都很快樂。

　　幾個月後，在一場升遷評比考核時，采緹獲得主管升遷組長，小薇只有獲得績優員工表揚，這讓小薇非常不平，認為自己平時不管主管交代多少的工作，向來都是大小事一把抓從來不會拒絕說不，加上工作又很認真。

而采緹在工作上，只會一副事不關己的樣子，憑什麼升遷的反而是她？而且還受到公司的重用，想起自己為公司付出許多心力，反而落得一場空，於是遞了辭呈。

　　就在小薇最後工作一周的全體會議中，主管提出了幾個有關於產品企劃與執行，公司現在要推廣瘦身茶，需要試辦一場試飲活動推廣促銷，於是一同派了小薇與采緹同時負責這個專案，小薇心裡很疑惑，她都要離職了，不知道主管為什麼還要她負責這一次的專案？但她還是乖乖地依照主管的要求，再試飲活動中擔任推銷專員。

　　就在試飲活動開跑前，主管把小薇與采緹一同請進來辦公室，詢問產品活動企劃的進展，「請問在此活動中，兩位有什麼特別的構想？」小薇一臉茫然，無法回答，只知道在試飲活動中努力促銷產品。

　　然而采緹卻一連串的為這次活動分析了目前市面上相關產品的銷售結果及消費者喜愛的特殊口味，未來產品能採取的通路方式，再搭配雜誌、DM、廣告宣傳，所有的支出費用及最後能獲得產品利潤率一一解析了給他的主管參考。

聽完采緹的報告之後，主管轉頭問小薇，「妳看出妳們之間有什麼不同了嗎？」小薇才一副恍然大悟的樣子，慚愧點頭表示她明白了！

總經理向小薇進一步說明：「一樣產品企劃專員，但是妳們蒐集回來的市場情報與態度截然不同。小薇，妳工作很認真沒有錯，但是妳並沒有思考這項任務的需求是什麼？只是一個口令一個動作，即使工作超出了妳的能力範圍，妳還是會把工作如期交差了事，雖然妳不會回絕，但是把事情做對、做得更好絕對比把事情做完更為重要。而采緹呢？不用我多交待，一次就把事情搞定，她不僅蒐集了完整的市場情報，甚至也提出建議與分析，協助我做為判斷的參考。」

在工作執行中，只要您能創造出連上司都沒想到的工作績效，反而比較有機會成為將才，也因此容易獲得晉升。一般常見的職場晉升，其中除了資歷深的老鳥之外，再來就是提高工作效率及業績是最快的晉升法則，故事中的小薇是曾經在職場中發生真實案例，不過也有看到類似的案件是，像小薇一樣默默為工作辛苦努力付出最終還是能得到上司的賞識而晉升。

常常見到很多人在職場上鬱鬱不得志，除了欠缺「上位」機會，極有「懷才不遇」之感，如果進入職場江湖多年，別人該升的早就升了，該跳槽的也就跳了，而我們老懸在半中央要升不升，您是否反省過自己為什麼升遷的不是我？

　　有可能是工作態度不良好、方法與技巧不純熟，或者是沒有把自己在職場上的價值做出來，如果您是一個人資專員，在規劃人力資源及招募合宜人才或研究創造出企業組織貢獻，就要突出自己的對公司人力的教育、能力、技能、經驗等整體規劃。

　　如果你是一個財務部門的職員、部門主管等管理型人才，就要突出自己的人際管理技能和財務分析規劃技能，這些都是為自己晉升的基礎，只要您能做的與別人與眾不同，剩下的就是機遇問題了。

　　美國人力資源管理學家科爾曼（Coleman, T. L.）曾說：「職員能否獲得晉升，很多時候不在於是否努力，而在於上司對您的認可程度。」能不能在職場上晉升其實原因有很多，但是瞭解公司期許並超越主管的期望，大

部份都能得到晉升的機會,上司在意的不是您的表現如何,他真正關心的是您在職位上能為他和公司帶來些什麼績效,過去默默的付出只是證明了您對公司應該有的表現,頂多是個參考而已,最終能促使提拔您的原因就在於您未來能為公司作出什麼貢獻。

唯一要記得的是,出色地完成任務僅是一個前提,您還要把您的成果適時機主動地展示給上司,才會提升您的競爭力,獲得上司的賞識。

台灣作家黃明堅也曾說:「做完蛋糕要記得裱花,有很多做好的蛋糕,因為看起來不夠漂亮,所以賣不出去。但是在上面塗滿奶油裱上美麗的花朵,人們自然就會喜歡來買。」

因此,在做好蛋糕的時候我們還要記得裱花,以苦勞居功者往往會比以功勞致勝的人還要來的吃虧,只要您有實力,不怕老王自賣自誇, 把握住推銷自己的時機,創造出人生中任何一個機會的存在點,那麼想要在職場上翻身就不難。

Memo
M型富人理財小筆記

Chapter 5
M型富人
職場上的各種溝通

要站在對方的立場處處著想不容易，但是能
站在彼此的立場處處替對方設想，那個企業
老闆或員工一定容易賺到錢。

與主管相處要有智慧

將功勞歸給上司，將來才有機會再找您合作。

....

在看完年度財務報表之後，王總經理在經營報告會議中向大家宣布：「今年的業績成長率跟去年同期相比成長率多10%，為了犒賞辛苦的您們，決定年終餐會在五星級飯店舉辦」。

整棟公司大樓，爆發出一片歡呼聲，連坐在碩大的辦公椅上的董事長，都感覺了地皮的震動。公司向來營運業績很好，員工的福利也非常令人稱羨，只不過年終餐會能開心的享受到五星級飯店的豪華特餐，讓在場的員工們都帶來了不一樣的驚喜。

大多數的同仁都很興奮，因為這可是他們熬夜加班用健康換來的成功，據說還有同仁加班加到沒日沒夜而爆

肝，想起這一切的辛苦都是值得的；業務部的經理阿國首先說話了：「這個年代本來就是業績掛帥，要是沒有我們，哪會有這樣的成績呢？」「少臭美了啦！」。

另一位行政部門的副理看不下去立刻接著說：「要是沒有我們在背後支持你們，事情會那麼順利嗎？」大家你一言我一語的，誰也不讓誰，開出這亮眼的成績其實大家都覺得很有面子，能並肩為團隊帶來榮譽，每個人不知揉合了多少的淚水與汗水。

到年終餐會上，每個部門主管與董事長、總經理坐在一起，談起這次的績效優良，每個主管也都各有一套理論，說到這兒，總經理便舉起杯來：「讓我敬在座的每一位傑出領導人，因為如果沒有您們，公司不會有這樣的成長率，辛苦了大家」。

在一片熱烈鼓掌聲中總經理在酒過三巡之後接著說：「董事長在這裡，大家有沒有什麼話想對董事長說呢？」業務部的經理阿國迫不急待的搶著先發表：「報告董事長，我們業務部門的同仁非常的賣力的執行這個業務，大家幾乎加班到深夜都快哭了，就是希望為公司達成

圓滿的任務，並竭盡所能滿足客戶之需求。」行政部門的副理也當仁不讓的向董事長報告這次全力以赴配合各單位的專案行程，面對這一連串的的大陣仗歡呼聲此起彼落，代表著員工的向心力為這間公司帶來無限的發展。

在現場全體同仁熱烈掌聲歡迎之下，董事長上台致詞嘉勉大家：「在全體同仁的努力之下，我們開闢許多新航線、在客戶服務面也有多項突破創新，在此，我要特別藉這難得的機會，向各位同仁表達我內心的感謝，謝謝大家，大家辛苦了！」

會中董事長不斷暗示著今年的年終獎金不會低於去年，使整個餐會在歡欣的氣氛下結束，總經理親自站在門口歡送董事長離開之後，隨口跟身旁的秘書說了一句：「問你們有沒有事跟董事長說，大家還真滔滔不絕的說……」

您是否曾經在職場上與主管相處上出問題？某雜誌曾經調查，員工離職的主因之一包含與自己的主管不對盤，像這樣的案例每天在職場裡的劇情不斷上演著，每位主管都有不同的眉角，每個員工也有自己的個性，員

工需要在職教育，主管相處時需要溝通，在職場中除了老闆，最大的阻力就是在主管這一道關卡，為什麼這樣說？

舉個真實案例讓您參考：某家科技公司的大總務有天跑來和我閒聊，告訴我他想離職一事，我訝異已經有十幾年資歷的他為何忽然有這舉動。

他說：「在公司待了十幾年了，高不成低不就，和頂頭上司相處的不愉快，未來已經沒有任何發展與升遷的空間，如果不走人，我還能留在公司做什麼呢？」的確，職場上很多主管掌握著生死大權，但是能讓主管掌大權的籌碼還是員工。

職場有職業道德倫理，這是一般人常忽略的基本道理，就像在家裡您會對自己的父母孝順、對兄弟姊妹敬愛、對師長尊敬、對朋友友善等，就是不會對主管像長輩一樣的愛護。

大學時我的企管教授曾經告訴我們一句話：「不要把我當老師，把我當朋友，有老師的定義學生們就跟我疏遠

了」。相對的，其實很多企業主管也需要成長，因為他也要面對各種不同個性的員工該如何管理？也需要針對適性選才、適才培育的將才，更需要文武百官齊聚一堂，領導才能有效的發揮。

主管其實不難溝通，但是要先拋掉個人主觀意識為對方的好處著想才能有效溝通，在職場中他是主您是屬，大河有水小河滿，大河無水小河乾，您的主管不失勢，您才有機會變好，您不輔助他，又怎麼會有向上層樓的階梯可以爬？

如果您的能力比主管好，如果想在職場上有一番作為，如果您不想「出師未捷身先死」，那請您要先學會「功成身退」把「功高震主」避開，因為主管和老闆的立場不同，可以請到更多有才能的員工。

如同張忠謀企業家說：「我要的是比我有才幹的人」。畢竟再怎麼樣老闆還是他，但是主管就不同了，假使您的功勞贏過他，也跟其他主管一樣相互競爭而彼此廝殺，會讓對方受到震動而心有疑慮，就如同跟獅子搶地盤，不是你死就是我亡。

　　無論是什麼樣個性的主管，不管是第一次當上主管，還是經驗豐富的經理人，最怕的就是失勢，想要跟主管和平相處的您必須要明白吃果子拜樹頭，吃米飯拜田頭，喝水的時候就要想起水是從哪兒來的。

　　飲水思源不忘本，您不需時時逢迎主管，處處和他對立，但是要學習與思考如何當主管的角度與立場，去尊重並且了解主管每項決策的考量點，或許有一天您也會成為主管。

M型富人小秘訣

　　天底下沒有仁慈的獅子，和牠搶地盤就等著被拆吃入腹。

讓老闆覺得
「你能幫他賺錢」

老闆以營利為目的，想要贏得老闆器重，
就以商人的角度去思考利弊。

••

　　一位從南部上來的年輕小伙子北上打拼，碰巧的讓
他看到了冷飲店門外貼了這個廣告。「誠徵司機，意者
內洽」。小伙子一看心裡想自己會開車，應該可以勝
任，便上前面試了這項工作。老闆問他：「你以前開過車
嗎？」他回答說：「我以前是村子裡便當店的司機。」

　　對談之下，老闆感覺這位年輕人還滿憨厚老實：
「那你明天可以來上班了。」小伙子沒想到那麼簡單就應
徵上了工作：「謝謝老闆，我明天會準時來上班。」

　　冷飲店在夏季是旺季，外送的服務真的是應接不
暇，對這個南部下來的小伙子來說帶來了不一樣的眼
界，沒想到台北的人喜歡叫外賣，一杯冷飲要價都要將近

七八十元，怎麼上班族都那麼喜歡喝嗎？他一開始感覺有些難熬，但最後還是忍耐著繼續磨練。

有一天，店裡的櫃檯小姐臨時請假，老闆情急之下開口請他幫了這個忙：「小伙子，今天小姐請假，能否今天幫我站一下櫃台，照著帳單上的金額加起來收錢就好了。」小伙子一口答應，想到今天不用外出送貨，其實心裡比誰都高興。

差不多該下班的時間，老闆來了，問他說：「今天做了多少錢？」小伙子回答說：「23萬」老闆很吃驚地說：「我們一天基本上可以賣到5萬塊就不錯了，而且今天也沒外送，你怎麼賣到那麼多錢的？」

老闆有點嚇傻了，目瞪口呆，動彈不得，是這樣的老闆：「今天有個客人前來買單890元，當我找了他110元時，他說：現在的錢真不好賺，一下子就可以花掉一張千元大鈔。

於是我建議他，第一做醫生，第二賣涼水，可以開一間像老闆這樣的冷飲店。我和他聊了一會兒，他希望能加

盟我們的冷飲店，因此拿了20萬加盟金給我，原物料等都從本店進貨，以後他不論虧損每個月都會付加盟金給老闆。」小伙子緩緩的，一五一十的把整個事件的來龍去脈都告訴了老闆。

老闆聽了聽，感覺不可思議地問道：「一個顧客僅僅來付錢，你就能推銷他開店？」「不是的。」小伙子搖搖頭回答道：「本來是我想開的，希望有一天能跟老闆一樣，我就告訴他這個想法」。老闆笑了笑，於是擢昇小伙子為店經理。

2年之後，老闆的這家冷飲店在台灣連鎖了上百家成為了董事長，他沒想到當初一間小小的冷飲店，如今加盟體系是這樣的龐大，而小伙子呢？已經是餐飲連鎖的總經理了，他的身邊也新請了隨身司機。人們總習慣用自己的角度去看事情，直到瞭解了真相為止。

看完了這個故事，不知道您的想法是什麼？或許您也會覺得不可思議，我們無法在下一秒鐘知道我們將會遇見誰，但是人生中很多事情不論成功與失敗往往就是在那一念之隔。

在職場曾經發過一個故事：某人跟了老闆近三十餘年，從一開始不起眼的業務員漸漸的為老闆打下一個江山，所有的客戶都是他為公司所招攬的，後來公司賺了錢，但是他卻沒有分到一絲一毫的利益，最後他捲款潛逃，跑到國外自立門戶。

企業如果有賺錢，就應跟所有員工分享，加薪是員工和老闆的黏著劑，如果員工不開心，老闆也不會心安。

事實上大部分的老闆，即使員工幫他賺了錢，也不一定會有加薪或升遷的回報，主管怕失勢，老闆怕虧錢，只要老闆虧了錢，那您的工作福利肯定減少，如果老闆賺了錢，他會想平衡了所有的損失與利益，

他只是少賺，員工自然只有薪資可以領，除非您能幫他大賺，比較精明的老闆就會以利益共享制來慰勞員工，因他老闆也知道，有錢不怕請不到人，但是不一定請的到能幫他賺錢的人。

因為在老闆虧錢的時候，我們所有的員工還是希望老闆要付更多的薪水，老闆也會想，既然付了薪資，那麼就

該理所當然的幫忙工作，這中間兩者的立場雖然不同，但是其實心態上卻擁有相同的性質，這也就在於，我們所有的一切資源都是老闆所給予，您是否也能像精明的老闆分享利益共享制，栓住老闆的心呢？

其實說穿了，這年頭員工要保障，老闆要生存的衝突不斷上演，當我們期望老闆能器重我們的時候，也請自省，我們是否對老闆心甘情願的工作？才能讓老闆薪甘情願主動提拔您。

在職場裡，員工需要依賴老闆而生活，而老闆也需要依賴員工才能為公司開創財富，一個大老闆曾經頭頭是道地說：「員工都只為自己的福利著想，我們當然也只為了自己營利著想」。

要站在對方的立場處處著想不容易，但是能站在彼此的立場處處替對方設想，那個企業老闆或員工一定容易賺到錢。

只有掌握住手上的「機會」，為老闆增加收入，為公司賺到更多利潤，您才能反過來借用公司和老闆的資

源，讓機會滾機會而跟著高升。我們不必要把職場想的如此生死決裂，實際上無論您跟自己、跟同事、跟主管、跟老闆都需要和平才能共榮，每個階段都有學習的任務。

但請務必抓準「核心觀念」，衡量自己挑對職業、同事、主管、老闆就能減少失敗的經驗提早邁向成功，即使有一天離開公司，也要保持良好的適度關係，未來的路才能寬廣的走。

 M型富人小秘訣

老闆只能給你機會，榮華富貴得需要靠自己創造。

完美離職，才能重新啟航

沒有一個離職把握永遠不見， 凡事都得留
餘地，以免人生總會有相遇。

‧‧‧

　　「小朱，有空請您來財務辦公室一下。」拿起電
話，我在那頭說著，「好，等一下上去。」這是發生在我
職場上一個故事。

　　我曾經那樣告訴過同事：「今天法院寄來通知單，說
您在某家銀行有欠款資料，要強制扣薪三分之一，從下個
月開始，公司必須將您的薪資主動扣除，不然公司也會有
法律責任。」

　　該名員工曾經在任職期間和我閒聊過，知道他目前的
經濟狀況不良好，也不意外他的反應激烈：「這樣將我扣
薪，我就沒辦法生活了！」於是當下我想了一個方法，告
訴他：「不然您請部門主管商量，請他幫忙好嗎？」

　　結果，在那天中午，部門主管來找我問小朱被強制扣薪一事，部門主管說：「他是怎麼樣？那樣氣沖沖的跟我說公司要把他扣款，如果扣薪他就不做了」。

　　我一聽，無奈地與部門主管說法院寄來的通知函，說明了公司不得不執行薪資扣款，該部門主管回應著：「現在他應該是請我幫忙耶，怎麼會反而用離職一說來威脅我一定要幫忙此事，如果我想幫，我也不幫了！」

　　隔天，該名員工果然沒來上班了，於是公司理所當然的將他扣除了三分之一的薪資以外，還依他沒有按照正常離職程序扣除了其他款項，在月底時只領到少許的薪資，小朱就打了電話來公司，和部門主管起衝突告上了法院，在勞資雙方的爭議下，公司獲得勝訴，從此也將小朱列為「黑名單」。

　　此事在隔了半年後，部門主管有一天打了電話給我：「妳知道嗎？小朱最近到了老李那邊去上班了。」我回答：「喔！是嗎？還是得生活吧！他在那邊有比較好嗎？」部門主管說：「什麼比較好，他根本沒機會去了。」

原來，老李和部門主管是同學，在得知小朱曾經上班過的地方，打了通電話來詢問評價，本來是可以幫小朱多說幾句好話，反而被前主管落得一身狼狽。

　　另外一個案例是，某位員工也跟小朱有相同的情形，於是當下他和小朱一樣請求主管幫忙此事，不過唯一不同的是這個人在多年之後榮升了組長，也解決了他所有的負債。

　　因為在他最困難之時，比以前更努力了，相對的部門主管也給了他在工作上成長的機會，在決定扛起責任的那一刻，他將壓力化為動力，也就被主管獲評選為本公司「優良組長」。

　　這兩件事並不是「天降之禮」，但是卻意味著一個人在職場的一句話、一件事情，一個動作，一個態度都會影響深遠。

　　故事中的這些對話像是「棒喝」一樣，深深地敲擊著同事過去這段灰暗的時光，如果您想通了，不要等到付出一定的代價才能學到教訓。

　　無論您離開公司的理由及原因是什麼，在離職時刻，完美落幕，才能快樂的啟航。

為什麼要離職呢？

　　相信大家都曾被問過這樣一個問題，馬雲曾經表示，員工之所以選擇離職有各種原因，但其中只有兩點是最實際的，其一是「錢，沒給到位」，其二則是「心，委屈了」。

　　不論您的離職原因是什麼，當無力去改變公司一切現狀的同時，當下請改變自己，在與您分享一個真實故事：任職台北某公司的總經理和副總經理兩人向來明爭暗鬥，有一天副總經理因為擅自做了某項決策主動向老闆先斬後奏，有一天總經理知道了不諒解，大發雷霆的核決權限不通過。

　　這樣一來直接槓上了老闆，最後也因為面子掛不住，辭去了服務30幾年的公司，副總經理呢？直接榮登總經理寶座，正好如他所願篡位奪權成功，事隔了半年後，總經理曾經與我通信告訴我：他被公司鬥慘了。

其實他鬥的不是副總經理不是公司，是老闆。只有老闆能決定公司所有一切策略，不管是新進菜鳥還是資深老鳥，我們必須要有這樣的認知。

　　即使您的職位是高不可攀，所有的計劃變化都抵不上老闆的一句話，想要「錢，給到位」「心，不委屈」也都是只有老闆能幫您做主，當有一天決定離開這個職位的時候，請別忘記老闆的感受，離職，不一定是危機，其實也是轉機。

　　所有的技巧都有成功的機會，離職也可以反映出老闆對您重視的程度，如果真的不想繼續留任，也請記得在走的那一刻，不要打了老闆一巴掌，我們都忘了至少他給過我們人生再度選擇的方向，有人說：「沒有一個離職是真的說再見」，故事中的案例正好說明了「山水有相逢」。

　　離職與轉職有著密不可分的關係，如果您不想哪天跟冤家再聚頭，在離開後被人背刺了一刀，留三分餘地與人，就是留三分餘地給自己，選個不傷和氣的理由完美退場，甚至也可以留下後路，未來仍有機會合作的空間。

　　離職的原因背後，會真實的反應出一個人對工作的基本態度及價值觀，不論您是否是因為公司福利不夠好、薪資太低、主管難相處、老闆沒人性還是沒有成長空間、未來沒發展等。

　　只要離職，也是每個離職員工重新審視工作及自我評估的方向，請您記得，每一種職業都會累積經驗與能力，重新審視自己的興趣、職務上所需具備的工作能力，公司未來升遷、願景、職涯規劃等，才能避免經常性離職原因再度發生。

　　有一句俗話說：人往高處爬，水往低處流，在修正自己的生涯之路時，轉職能帶給您新的生活與體驗，但是該如何準備呢？

想一想

　　離職，是轉機還是危機？

直走還是轉個彎？

做好準備再轉身，讓別人知道您不是隨便
跑過去的。

· ·

　　很多人在職場上的資歷越久，出現轉職跳槽的念頭與
次數就越頻繁，阿成也不例外，尤其在農曆年過後，平常
所領的薪資福利與年終獎金不勘理想，於是讓他心生轉職
的念頭。

　　於是他在人力銀行投了將近20份履歷表，最後終於有
幾家公司通知面試，見到了面試官，他的回答是：「請問
您上一家公司為什麼離職？」面試主管很好奇的問他，
「因為不滿意公司現有的制度」「請問貴公司的制度
是？」

　　面試主管不太明白到底什麼樣的制度會讓人滿意，於
是便引導求職者繼續說下去，「公司的薪資福利及年終獎

金不完善,對待員工非常苛刻,常常還要加班,也沒有加班費可以領」。

面試主管非常訝異,趕緊再接著問:「那您做了多久呢?」「五年!」面試主管最後說了一句:「所以有比較好的福利制度是讓您想轉職的原因?那如果有更好福利制度的公司,您是否也會跳槽呢?」

接著第二家公司的面試,阿成緊接著來到了他心目中理想的公司進行面試,在面試進行了一段時間後,面試主管問他:「能否再請您說明一下離職的原因是什麼?」阿成這次換了一套說法,他說:「再現任職的公司無發展前景,希望能在工作職務上更上一層樓。」

這個理由聽起來比上一次的理由還來的滿意,於是面試主管接著問了他的工作內容,發現是大樓管理委員會的保全人員,的確在工作上沒有什麼技術層面可言,也不忙碌,更沒有什麼困難度。

但是這次他來應徵的卻是電腦工程師,面試主管接著問他:「那請問您的專長是?」最後來到了一間相同的保

全公司，面試主管覺得阿成擁有保全的相關經驗能力不錯，大致上都符合錄取標準，只是不瞭解為什麼他待了公司那麼久離職，而他答覆是：「因為家人生病，要照顧家人，所以離職。」

面試主管聽了表示些關心：「那家人現在健康情形還好嗎？生病多久？」阿成說：「三……三個月。」才短短三個月而已，公司怎麼不讓您留職停薪呢？面試主管覺得現職公司不太通人情，便不再多做說明。

於是告訴了阿成：「好吧，那您明天來報到。」阿成驚訝地說：「明天？！」是阿，不知道您有甚麼問題，面試主管頓了一下，想說通知他來上班應該會很高興，有什麼不對嗎？阿成只好老實說：「其實我現在還沒有離職，如果要上班，需要等一個星期過後，可以嗎？」

面試了這三家公司，一家無聲卡，一家被拒絕，一家錄取後取消，您覺得阿成面試失敗的原因在哪裡？根據人力銀行調查，大部分的人都覺得轉職後的狀況普通，甚至還有人覺得比老東家更糟糕，主要的原因是在於：還沒有替自己做好準備。

　　曾經和一位漂亮的朋友聊過天，她是檳榔攤西施，天氣再冷，她就是薄薄的一件，每個月底薪+抽成至少有三萬塊以上的收入，直到她30歲的時候再次和她碰面，忍不住問了她一句：「妳覺得檳榔攤的工作可以做多久？」她回答我：「做一天算一天吧，我也不知道自己可以做甚麼工作，現在要轉職似乎太晚了」！

　　在分享我個人的轉職經驗，18歲前我是工廠的作業員，也做遍了大大小小餐廳的小妹，18歲以後我就讀電子通訊科畢業，那時候電子行業盛起，在畢業後雖然有找到相關科系的工作，但是要距離更深一層的技術則是還有待學習。

　　老師曾經告訴我，要就讀電子這門科系女孩子不是不可以，但是必須唸到設計類才有用，於是到了20歲的時候，我放棄了電子這門專業，到了會計事務證照班上了課程考了證照，才開始從事有關財務會計出納等相關工作直到現在，到了近年，才開始又慢慢的培養第二專長。

　　故事中的案例無非就是想要告訴您，想要轉職的漂亮，就要充分準備好才能讓自己更上層樓，不論您從事哪

一種行業，在時間與經濟狀況允許下，盡量培養第二專長與技術，我們總是看到，那些持續努力的人，成功從來就沒有遠離他，即使您是業務高薪等相關行業，也可以利用人脈幫您拓展人生的道路。

　　人生每一個階段都是循環漸進，讓您一步一腳印發現每一個階段必須完成的基本功，腳踏實地的去走每一步人生路才是明智之舉。

　　那些走捷徑獲來的最後大多只會是短暫，面對職場裡的激烈競爭、爾虞我詐、到處都充滿了勾心斗爭，唯有為自己豎立安全屏障才能在職場裡避免錯誤，將心回歸自我，慢慢累積出經驗，只要實實在在去做就可以了，把任何事情在心眼裡縮小，您會發現，未來沒有什麼能將您擊敗，除了您自己。

Chapter 6
M型富人
想的和你不一樣

既然工作是來做事貢獻的，如果在一開始什
麼都不願意學習，要如何貢獻自己的才能？

建立正確的工作態度

能幹不幹，不如苦幹實幹，往往最終的受
益者是自己。

．．

「為什麼都是我在做？」小陳把經理辦公室的門狠狠
的關上，氣沖沖地走向自己的座位前，將文件「啪！」的
一聲甩在辦公桌上，全辦公室的人倒抽了口氣，眼神飄向
小陳座位旁，瞪大著眼睛看著經理的門。「怎麼了？發那
麼大的脾氣？」小劉走到小陳旁邊拍拍他的肩膀，「他媽
的我不做了」！

小陳失態的吼叫擺明了不給經理台階下，「噓！小
聲點，經理還在辦公室裡頭，等等中午吃飯的時候再聊
好嗎？」小陳與小劉兩人同事有一段時間了，相處久了
以後，倆人便成為無話不談的好朋友。到了中午休息時
間，小劉拉著小陳立刻走出了辦公室那凝重的氛圍，
「您沒事吧?」小劉關心的問，「沒事。」小陳脹紅了臉

悻悻然說著，語氣裡還是有些氣憤。「在職場工作這種事情看開一點就好，沒什麼大不了的。」

小劉想要安慰他，知道經理總是把員工一個人當十個人在用，把自己當皇帝員工當奴隸的情況習以為常了，「我只是氣不過，他是人生父母養，我們就不是嗎？每天總有做不完的事！」

小陳壓抑一下自己的情緒，「結果呢？做死的是我們，領功勞的是他，我們什麼也沒有。」「唉……別想那麼多……」小劉也不知道該說什麼好。小陳生平最討厭的，就是只會出一張嘴的主管，踩著屬下的屍體升遷，偏偏經理犯到他的忌了，「可是經理說的話好像也有幾分道理。」

小劉暗示著小陳少說話多做事，這個觀念是沒錯，不過還是無法讓小陳的心裡釋懷，「小劉，您到底是來安慰我，還是想要激怒我？」小陳毫不掩飾的瞪了小劉一眼，「好好好，我不說了，這總可以了吧！」知道自己說什麼都不對，小劉聰明的閉上嘴，深怕和小陳壞了平日的交情。

接下來的日子，經理不再把事情交代給小陳了，小陳自覺落的輕鬆，每天都會主動去找同事聊天，嘻嘻哈哈的工作輕鬆又愉快。反而是小劉，承接了小陳不願意做的事情，努力認真、守分務實，常常自動留下來為公司加班，每天都工作到很晚才下班，這樣做有用嗎？

在職場裡，苦勞不一定會成功，快跑的未必能贏，力戰的未必得勝；但是小劉相信的是「時間」與「機會」。3年後，公司因為經營不善賠錢不久就關門了，很多人遭到失業，有的人領不到薪資，有的人是一走了之，大家只能各自尋找另一條職涯的出路！

這次小劉很幸運的因為先前工作上的經驗，獲得了新公司的信任並委以重任主管職位，而小陳則是沒有太大的變化應徵了和之前一樣職位的工程師，在上班的第一天，他們倆又碰面了，原來他們碰巧的在同一間新的公司上班。

「怎麼樣，我這辦公室還及格吧？」小劉娓娓道出目前新公司倚重他的程度，從一進門開始，就不斷環顧四周，還帶著審視的眼神，「很、很好。」小陳不好意思的

低下頭，「我們是哥兒們，當然會互相幫忙了！」這次小陳和小劉一樣有緣做同事，只不過唯一不同的是……小劉是小陳的主管。

在職場裡我們常常意識到所學習的工作是苦的，甚至有時候所做的事情越多，與自己的所得到的報酬不成比例，以至於長期出現埋怨、倦怠、指責的情緒，久而久之對這份工作就再也提不起衝勁，進而走向離職一途。

還記得曾經在職場裡遇過一個同事，在工作9小時內，他總共花了7小時用來抱怨工作的辛苦人生沒有意義等，有一次在臉書意外的看到他一則個人動態，說明著上司要求他學習新的工作項目，他回絕後而遭開除。

於是我便過去留了言：「為什麼不想學呢？」他先是一愣，接著作出氣憤的樣子說：公司擺明了就是故意給我難堪！明知道我不會還故意刁難我，我想了想，順道再問他一句：「有什麼事一開始就會的呢？」

我發現，習慣性的長期抱怨，在事隔多年後不論換了幾間公司，幾個主管，幾份工作，他的成長依舊會在原地

踏步，他豈知道，把工作九小時的時間花來抱怨，不但少花了比別人努力的時間，也減少了學習的機會，更由於這樣的表現，貶損了他自己在職場上的學習態度。

換個角度想，當您學習的事物越多時，您所擁有的能力就無可抗拒！

請問您：如果您是公司的老闆，您會升遷一個無論在專業知識、技術、態度都良好的人當主管，還是升遷一位愛抱怨老闆或公司難搞的人當主管？而老闆們也感嘆著，哪有領薪不必費力的員工，事實上在勞資雙方各自的立場下，主張之間還是要取得折衷平衡。

有時候，我們抱怨老闆、公司、同事不好，其實也是在抱怨自己的能力不夠，既然工作是來做事貢獻的，如果在一開始什麼都不願意學習，要如何貢獻自己的才能？

等到將來在驗收成果時，會不會才忽然地發現這些準備對您的幫助，最大的受益者還是自己，您會感謝職場上曾經給您磨練成就您的人，當機會來臨時若不好好把握，不管到哪個工作職場都會有一樣的結果。

抱怨沒有什麼不好，能抒發職場情緒的不平之鳴，但是在抱怨的同時，請先看看我們腳下正踩在誰的公司？職場裡有個半截道理，技師在退休時反復告誡自己的小徒弟：「無論在何時，您都要少說話，多做事，因為凡是靠勞動吃飯的人，都得有一手過硬的本領。」

這是早期年代獨特「師徒制」的資深（師父）與資淺者（徒弟）之間的交流過程，在職場的公式學裡，學習態度比知識和技術還要重要太多了！

它具備加倍相乘的效果，即使一個人的知識和技術沒有非常好，只要他在學習上有很好的態度必會獲得技巧，他成功的機會也將會比別人多！

 M型富人小秘訣

> 當學習的事物越多時，所擁有的能力就無可抗拒！

老闆在乎的7大特質

現在的你不該再像年輕時的血氣方剛，而是必須開始學習穩重並積極的工作態度。

••

我曾經採訪過100位中小企業的老闆，我認為通常具備以下7大特質的人，是老闆心目中晉升的不二人選：

1、出色專長

你本身要有價值，人力資源部門招聘你，就是因為你有價值，他們會依你所長，把你安排在合適的職位，在這個職位上，你應該能完全勝任工作。本職工作都勝任不了的人是沒有什麼前途的，只能等著被淘汰而已。

2、強烈責任心

員工的工作表現不是以時間來衡量的，而是以其負責工作的完成量來衡量。完成本職工作是員工的責任，當員工在工作時間內沒完成工作時，加班更是份內的事兒。如

果一名員工上班準點到，下班準點走，他絕不是一名優秀的員工，因為這種「撞鐘和尚」式的員工缺乏對工作的熱愛，也代表缺乏責任心。你要熱愛自己的工作、自己的職業，也只有這樣，公司才會給予你相對的報答。

外商企業是鼓勵員工主動要求晉升的，這不同於國營企業的「伸手要官」。因為外商企業上司通常認為，你要求擔當一定職務，就意味著你願意承擔更大的責任，體現了你有信心和有向上追求的勇氣。

3、學習能力

一個優秀的員工會利用一切機會學習吸收新的資訊和方法，從錯誤中吸取教訓，學習不再犯相同的錯誤。一個不愛學習的人在當今社會是沒有前途的，大學所學的知識在工作中只能占百分之二十，百分之八十以上的知識需要在工作中學習。一個人不善於學習，接受不了新的知識、新的技能，也就沒有潛力可挖掘，無發展可言。

4、應變能力

優秀的員工不滿足於現有的成績和工作方式，而願意嘗試新的方法。因為在不斷變革的今天，只有未雨綢

繆，才能化被動為主動，才有能力迎接新的挑戰。公司管理層的調整和變化、人事變動等等都是正常的，是公司為了適應市場的競爭需要。

這些變化或多或少會影響你的工作、你的位置，如何保持正常的心態迎接變化、適應變化，是進外商企業工作的人要有的最起碼準備，隨著你的工作責任變重，適應變化就也就更重要。

5、商業頭腦

他們知道，如果有成果，不能達到預定的目標，所有的辛苦都會付諸東流。他們會以公司的信條為指南，對自己的行為負責，會盡力實現目標。為自己確立一個明確的努力目標是非常重要的，最好還能有良師的幫助。記住，要隨時充分展示自己的能力，只有那些積極展示自己才能的人才會成功。

6、合作精神

他們深知個人的力量是有限的，只有發揮整個團隊的作用，才能克服更大的困難，獲得更大的成功。如果你做為居領導地位的經理，想把企業的成績歸功於個人，就像

是一個人打著與上衣不匹配的領帶出門一樣，不合適。當公司的要求和活動同你的計畫矛盾時，你應該放棄自己的計畫。在團隊合作中，必須始終保持頭腦清醒，同時要抱持開放的態度聽取別人的意見，尤其是那些年齡比你大的人和有經驗的人的建議。

7、溝通技巧

管理的精要在於溝通，管理出現問題，一般是溝通出現障礙。上級要與下級溝通，下級也應主動與上司溝通，你要善於指出自己的長處，但是千萬不要說出別人的弱點。

適時說出自己所起的作用，而不是拿別人做對比。善於溝通的員工易於被大家了解和接受，也才被大家認可。如果你不想終身待在底層做個低階職員，那麼從現在開始改變自己都還來的及。

俗話說：「知己知彼，百戰百勝。」我建議若想在職場上成功，首先就是要與老闆保持良好的工作關係，努力達到老闆希望的特質，有良心的老闆終究會提拔你，只要持續在工作崗位上努力，終究能夠出頭天。

▶老闆在乎的**7**大特質

成功的秘訣

前台塑集團董事長王永慶曾說：「年輕人
進入社會時，什麼工作都可以去做，都會
有前途。」

⋯⋯⋯⋯⋯⋯⋯⋯⋯⋯⋯⋯⋯⋯⋯⋯⋯⋯⋯⋯⋯⋯

　　大家出了社會後，總是一心一意想要獲得成功，但是
過了幾年之後，有的人事業極為成功，有些人的成就還是
跟畢業時差不多，到底成功有沒有秘訣？

　　難道成功的人是因為運氣很好嗎？

找工作的標準

　　你現在找工作以什麼為標準呢？是以工作環境、薪水
多寡還是以週休二日為選擇條件？選擇工作條件每個人的
狀況不同，但是，我想上述三個條件當中，以「週休二
日」為目前年輕人找工作的必要條件。

只要一份工作沒有週休，即使薪水再高，或是工作多自由，他們通常都不會選擇這樣的工作，因為新世代的年輕人認為：生活品質是比賺錢還重要的。

　　週休二日的確可以有很多自己的時間，假日可以安排去郊外走走，或是選擇在家睡大頭覺，但是，若年輕人從一開始就以週休為找工作的目標，相信是無法成功的。

　　因為，年輕人的劣勢是缺少工作經驗和資金，而這兩項能力，都是需要勤奮的工作來累積，假使年輕人可以辛苦的工作幾年，累積了一定的經驗和資金，再來選擇週休的工作也不遲。

懶惰為萬惡之源

　　在國中時期，我的一位英文老師曾經教導一句話：「背不起來單字沒關係，至少唸那個單字一百遍，一定會有效果」。

　　到現在我還是清晰地記得這個小訣竅，雖然我的英文依然還是很破，但是，我卻因此學習到了這樣的工作態

度，也就是即使一開始做不好，卻可以用更多的時間和精神再去努力，一定有機會可以成就。

我很喜歡寫作，從小的夢想就是成為一個作家，可是過去因為懶惰，寫文章的量有一篇沒一篇，到現在還是不能完成一本書。

有次我遇到一個財經作家，他寫作的速度極快，可以一個月出一本書，雖然他的銷量不是頂好，但是他是抱著「薄利多銷」的觀念來出書。

也就是說，他靠著多出書，一方面可以磨練自己的寫作功力，另一方面，還有機會多賺點稿費。看到那位作家的驚人「產能」，我心裡也深受到他的刺激。

因此從那以後開始自我勉勵，每週除了週末以外，每天都要寫一篇關於職場上的文章，希望將來可以達成當作家的願望。即使不能出書，至少也可以透過寫作的過程，讓自己把職場上的各種心得紀錄下來。

成功之本

在王永慶中年事業有成時，有一次他受邀到輔仁大學演講。台下的學生問他對剛畢業的年輕人有什麼建議。

他回答道：「年輕人進入社會時，什麼工作都可以去做，都會有前途，只要你肯在企業界努力學，一年就能夠得到企業經營的概念，若持續三年後，就可以展開雄心大略之路。」

王永慶是台灣的經營之神，他大可在事業成功後，開始享受有錢人的生活，但他不只維持儉樸的生活，並且還是很勤勞地工作。由此我們可以得到一個簡單的結論，成功的秘訣簡單來說，就是「勤勞」二個字，每個人只要能夠勤勞一段時日，必定會有一翻成就出來。

無論你在一生當中，想達成什麼樣的人生目標，你都一定要有勤勞的能力，閒話少說一點，事情多做一點，任何成功的人一定有勤奮的特質，甚至任何一個失敗的人，也唯有依靠勤奮，才能夠反敗為勝，重新邁向成功之路。

專業，決定你的上班人生

學歷的高低已經不是高薪的保證，而是所
學的專業是否符合當下社會的需求。

∙∙

記得小時候讀國中時，下課完匆匆吃個晚餐後，就要
去上補習班，一直補到晚上10點，回到家洗個澡還要溫習
功課到12點多，每天1點睡算是正常，遇到月考段考、期
中考、期末考前時，那麼每天2～3點算是剛好而已。

人生的目標

當時的我除了讀書之外，沒有任何人生的目標，因
為學校老師都告訴我們，只要以後上大學後，找到好工
作，就是我們學生唯一的目標，其他不要想太多，好好把
書讀好得到好成績就好。於是我就這麼懵懵懂懂地讀完大
學，大學畢業後，有整整半年的時間找不到工作，我當時

只能在讀書館裡找一些生涯規劃的書，重新檢視自己的人生目標，但是後來的工作依然不順利，每份工作都做不到2年就離職，每次離職就再次對人生迷惘。

　　一直到30歲左右時，我發覺我對投資理財有興趣，並且遇到困難時，不像以前容易放棄，反而是越挫越勇，我漸漸覺得金融操作應該是我該努力的方向了，一直到現在40多歲了，我還是以金融操作為我的本業，我想我人生的目標終於確定了。

　　只是回想當時，若能在學生時代就能確定自己的財經興趣，我想我至少可以省下整整10年的摸索時光，也不用在各行各業跳來跳去，甚至可以在大學時，就考取一整批的金融證照，讓自己的財經專業可以一畢業就進入相關公司就職。

各行業的薪資比較

　　根據台灣行政院主計處公佈各行各業在2013年薪資調查，發現社會新鮮人起薪約25175元，比前年小幅增加139元；但大學及專科學歷的新鮮人，平均起薪卻遠不如14

年前首次調查，2013年大學畢業起薪26915元，專科畢業
23890元，跟1999年相比，大學畢業生縮水547元，專科畢
業生更足足少了894元。若以各行業來分的話，平均最高
薪資的前五名和後五名如下表所示：

前5高薪	薪資	前5低薪	薪資
電力燃氣供應	66,740	家教、才藝班	21,949
金融保險	56,463	住宿餐飲	27,345
資訊通訊傳播	53,255	美容美髮、殯葬、洗衣	29,046
醫療保健服務	51,006	保全、清潔工	30,693
專業科學技術服務	47,344	藝術娛樂休閒	32,501

　　由上表可知，學歷的高低已經不是高薪的保證，而是
所學的專業是否符合當下社會的需求，若是在學的時候不
認清此事實，那麼很有可能畢業即失業，而且甚至在畢業
後，還必須根據有興趣的行業，再去進修就業輔導的相關
課程。

因此，與其找不到工作去讀就業輔導課程，那麼不如在大學甚至高中時期，就趕緊找出自己的就業方向，並且立即培養該行業的相關能力或找尋實習機會。

若是從高一開始就培養自己的就業能力，那麼同樣到大學畢業時，你已經比同屆死讀書的畢業生，擁有了近7年的「就業輔導訓練」，我相信這樣的畢業生，還沒畢業前，肯定就會有公司抱著高薪等著錄用。

如果你只會讀書

如果你從小到大只會讀書，那麼我強烈建議你去考個公務員當吧，至少你一畢業就有個不錯的薪資水準，根據台灣Career雜誌 第128期報導，公務員可能是天下最好康工作？原因是當公務員有以下8大好康，在此節錄如下：

好康1：薪資穩定

公務員薪資包含「俸額＋專業加給」，若擔任主管，還有「主管職務加給」。以高考三級來說，剛進去薪資約為42,050元，且每年還會依照年資、考績穩定調升。除了每月薪資外，公務員還有約1.5個月的「年終獎金」

可領，若再加上「考績獎金」1個月，表現在水準以上的公務員，年薪可達14.5個月。

公務員薪資結構

公務員薪資＝俸額＋專業加給＋主管職務加給

剛考上普考	剛考上高考三級	剛考上高考二級
17,890元（俸額）＋17,310元（專業加給）＝35,200元	23,700元（俸額）＋18,350元（專業加給）＝42,050元	26,610元（俸額）＋20,180元（專業加給）＝46,790元

好康2：升遷管道暢通

公務員職等分為14職等，1～5職等是「委任」，6～9職等為「薦任」，10～14職等則為「簡任」。公務人員自有一套完整的升遷制度，升遷以服務、年資作為標準，和企業相比，相對比較公平、公開。

好康3：丟飯碗很難

與私人企業相較，公務員幾乎可說是「終生職」。公務員依法經考試取得任用資格後，身分就受到保障，並享有領取給付的權利。除非做出違法失職之事，遭到資遣、免職或經懲戒撤職，否則失去工作的機率極低。

好康4：休假假期天數多

以現代人的工作型態來說，公務員享受的休假制度，要比民間企業來得優渥。年資滿1年有7天年假、滿3年有14天、滿7年有21天、最高有30天之多。而且只要加班，就有加班費可領，不像許多民間企業是「上班打卡制，下班責任制」，根本沒加班費。

好康5：婚喪生育和學費都有補助

家中有小孩的公務員，從國小至大學都可請領子女教育補助金。此外，結婚、生育，或家中有喪葬事宜，可請領婚喪生育補助金。

好康6：旅遊制度加倍補助

依據人事行政局規定，公務員連續服務滿3年之次年，即具備14天以上休假資格，在假期使用國民旅遊卡到特約商店刷卡消費，可享每年最高16,000元補助。

好康7：進修享有專款補助

公家機關很鼓勵人員進修，雖然取得更高學歷對於調薪、升級，並無直接相關，但一般認為，日後在升遷考量時，還是會有加分效果。利用公餘在職進修者，每人每

學期可補助20,000元，不過若同一單位進修人數太多，補助額度還是會受到各機關經費與進修人數影響。

好康8：55歲就可領退休金

大多數人想當公務員，看上的都是公務員優厚的退休養老制度。只要服務年資25年、年滿60歲，或任滿30年，年滿55歲者，就可領取月退休金；而退休金請領可選擇「一次領」或「月給付」二種方式。

公、教與勞工初任薪資

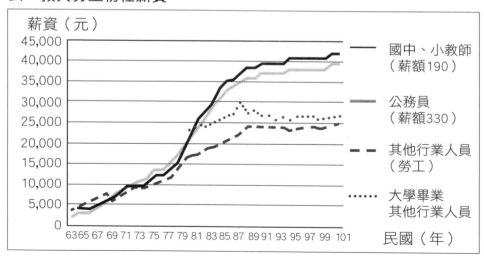

打工皇帝

　　「打工皇帝」這個名詞起源於香港，意思是收入十分豐厚的上班族。「打工皇帝」是一個令人豔羨的稱號，因為全都身價千萬，更重要的意義在於，他們已經攀上專業職業經理人的最高峰。

　　如果你本身不喜歡讀書，畢業後也沒有什麼專業技能，那麼我鼓勵你，找一間大公司應徵進去，不管多小的職務也好，先應徵進去之後，再根據公司的各項升等條件，一關一關往上爬，最終成為一名「打工皇帝」。

　　成就一名「打工皇帝」，有可能是踩著無數人的肩膀往上爬，試想，一間公司除了老闆之外，最大的就是總經理了，所以要贏過這麼多人做上總經理的大位，除了本身的工作能力之外，最重要的就是要「人和」。

　　換言之，就是要在執行工作上取代老闆的工作，但是要把所有公司的獲利成績，歸功於老闆，只要你能成一個優秀的打工皇帝，那麼你的上班族生涯就是一個成功的致富故事。

打造新閱讀饗宴！
致富絕學，投資新法，盡在茉莉

股市基本分析

《選對股票,
　輕鬆賺主波段》
定價：250元

《看懂財報,
　每年穩賺20%》
定價：250元

《股市贏家的獲利筆記
　（彩色版）》
定價：199元

小資賺千萬

《讓錢自動流進來
　（全彩圖解）》
定價：250元

《35歲開始,讓錢為你工作》
定價：250元

《小資5年,一定要
　存到100萬》
定價：250元

榮登各大書店與網路書店暢銷排行榜！！
上萬網友一致推薦的收藏好書！

打造新閱讀饗宴！
致富絕學，投資新法，盡在茉莉！

黃金典藏版

《股市10大技術指標圖典
（黃金典藏版）》
定價：250元

《35歲前,靠技術分析
賺到1000萬（黃金典
藏版）》　定價：250元

《新手一看就懂的
　股市分析（增修版）》
定價：280元

有錢人想的和你不一樣

《每天理財30分鐘,
　為自己多賺一份薪水》
定價：250元

《有錢人默默
　在做的33件事》
定價：250元

《50歲後,投資ETF
　月入20萬》
定價：250元

榮登各大書店與網路書店暢銷排行榜！！
上萬網友一致推薦的收藏好書！